Miley Cyrus

SARAH OLIVER

Miley Cyrus

SHE CAN'T STOP

A BIOGRAFIA

lua de papel

Título original: *She Can't Stop. Miley Cirus: The Biography*

Diretor editorial: Pascoal Soto
Editora executiva: Tainã Bispo
Produtoras editoriais: Maitê Zickuhr, Pamela Oliveira e Renata Alves
Assistentes editoriais: Marcelo Nardeli e Maria Luiza Almeida
Gerente de produção gráfica: Fábio Menezes

Preparação de texto: Mônica Santos
Revisão: A Florista Editorial
Diagramação: Vivian Oliveira
Capa: Rico Bacellar

Dados Internacionais de Catalogação na Publicação (CIP)
Angélica Ilacqua CRB-8/7057

Oliver, Sarah
Miley Cyrus : a biografia : She can't stop / Sarah Oliver; tradução de Débora Isidoro, Carolina Caires Coelho. - São Paulo : Lua de Papel, 2014.
224 p.

ISBN 978-85-8178-076-4
Título original: *She can't stop. Miley Cyrus: the biography*

1. Cantoras - biografia 2. Cyrus, Miley, 1992-
3. Celebridades - biografia I. Título. II. Isidoro, Débora
III. Coelho, Carolina Caires

14-0549 CDD–927.81

Índices para catálogo sistemático:
1. Cantoras : Biografia

2014
Texto Editores Ltda.
[Uma editora do Grupo LeYa]
Rua Desembargador Paulo Passaláqua, 86
01248-010 – Pacaembu – São Paulo - SP
www.leya.com.br

SUMÁRIO

CAPÍTULO UM

1992: NASCE UMA ESTRELA

Em 23 de novembro de 1992, Tish Finley deu à luz uma menina. Tish ficou ainda mais feliz por tudo ter corrido bem, já que o parto foi um pouco prematuro. Seu companheiro, Billy Ray Cyrus, pai do bebê, não estava a seu lado porque era um famoso cantor country e viajava em turnê pelos Estados Unidos e pela Europa. Seu primeiro single "Achy Breaky Heart" havia sido lançado alguns meses antes. A música estava no topo das paradas na América, no Canadá e na Austrália, conferindo a Billy Ray fama mundial. Ele havia planejado parar por algum tempo em dezembro, perto da data prevista para a chegada do bebê, mas, por causa de algumas complicações, os médicos tiveram de antecipar o parto.

Billy Ray foi informado por fax sobre Tish ter dado à luz e correu para o hospital o mais depressa que pôde. Tish e o bebê precisaram de cuidados médicos e só tiveram alta oito dias depois do parto.

Eles decidiram dar ao bebê o nome Destiny Hope, porque acreditavam que ela era destinada a coisas grandiosas. E era a irmãzinha de Brandi e Trace, filhos do relacionamento anterior de Tish. Billy Ray explicou no *Piers Morgan Tonight:* "Sabe, o nome [de Miley] era originalmente Destiny Hope. Escolhi esse nome antes de ela nascer porque tive uma visão. Senti que era destino dela trazer esperança ao mundo".

"Quando a vejo lotando arenas pelo mundo ou em seu programa de televisão, fazendo as pessoas rirem, reunindo famílias na sala de estar, sempre tentamos, você sabe, inserir mensagens positivas em cada episódio, se podemos. E sabe, eu acho que ela... que esse é seu propósito, seu caminho."

Miley nasceu no meio de uma situação complicada. Billy Ray havia conhecido Tish quando ainda era casado com Cindy, de quem se divorciou pouco depois, de forma amigável. Billy Ray e Tish se conheceram em julho de 1991 e se tornaram amigos. Nessa época, Brandi tinha quatro anos e Trace, dois. Com o desenrolar do relacionamento, eles se apaixonaram profundamente e ficaram muito felizes quando Tish engravidou.

Porém, poucos meses antes de conhecer Tish, Billy Ray teve um breve relacionamento com Kristen Luckey, uma garçonete que ele conheceu em um de seus shows, e em abril de 1993 ela deu à luz um menino. E deu a ele o nome de Christopher Cody. O fato de Tish e Kristen terem engravidado ao mesmo tempo poderia causar grande prejuízo à carreira de Billy Ray, por isso tudo foi mantido em segredo pelo maior tempo possível.

Billy Ray e Tish se casaram em 28 de dezembro de 1993, quando Miley tinha um ano e Tish estava grávida de Braison. Billy Ray queria se comprometer completamente com Tish e sabia que o casamento era algo que ela desejava muito.

Billy Ray não mencionava o filho secreto nas entrevistas, mas, na semana seguinte ao segundo aniversário de Miley, ele estava em um programa do Tennessee chamado *Music City Tonight*. Um dos apresentadores sabia que Billy Ray havia engravidado Tish e a outra mulher ao mesmo tempo e, então, perguntou sobre isso. Ele não sabia o que dizer, mas nesse momento Miley entrou no cenário empurrando um carrinho e salvou a situação. Todas as atenções se voltaram para ela, e Billy Ray relaxou.

Destiny era um bebê muito feliz e estava sempre sorrindo e fazendo barulhinhos. Por causa disso, Billy Ray e Tish decidiram dar a ela o apelido "Smiley" (Sorridente) e logo perceberam que a chamavam mais de Smiley do que de Destiny. Pouco antes de ela ir para a escola, os pais decidiram que não podiam mais chamá-la de Smiley, porque as outras crianças poderiam importuná-la por isso, e abreviaram o apelido para Miley. Daquele dia em diante Destiny/Smiley passou a ser conhecida como Miley. Ela fez desse seu nome civil em janeiro de 2008, aos quinze anos, e acrescentou o segundo nome "Ray" em homenagem ao avô.

> VOCÊ SABIA?
> A única pessoa que ainda chama Miley pelo nome que ela recebeu ao nascer é a avó da cantora.

Miley ficou muito empolgada quando Braison nasceu, em 9 de maio de 1994. Agora ela tinha um irmãozinho com quem brincar. A família Cyrus ficou completa seis anos mais tarde, quando Tish teve outra menina, em 8 de janeiro de 2000. Eles deram ao bebê o nome de Noah.

Os filhos dos Cyrus eram muito unidos, graças, em parte, à infância em uma fazenda isolada do Tennessee. Não podiam ir brincar na casa dos amigos, então, tinham de brincar uns com os outros fazendo jogos e construindo cabanas. Também brincavam com os animais de estimação e com os da fazenda, como Miley contou no Office Max durante uma sessão de encontros com fãs em dezembro de 2007: "Tenho muitos cavalos, gatinhos, cachorros, galinhas e peixes. Meus cachorros viajam comigo nas turnês. Amamos os animais. Houve um tempo em que meu pai tinha um esquilo de estimação que aparecia sempre. Ele também ama os animais [risadas]. Todas as manhãs ele faz ovos com bacon para os meus cachorros".

Sempre que voltava para casa de uma turnê ou de um show, Billy Ray dava muita atenção a Miley e aos irmãos dela e, em muitos sentidos, era mais amigo do que pai. Não era muito rigoroso e nunca batia nos filhos. Miley sabia que seu pai era diferente dos pais de seus amigos, mas, ainda pequena, não entendia o que significava ser famoso. Com menos de um ano de idade, ela entrava no palco onde o pai se apresentava e acenava para os milhares de pessoas na plateia. Assim que aprendeu a falar, ela começou a cantar com Billy Ray. Ele se orgulhava muito da filha e, quando ela tinha seis anos, deixou a menina participar de seus clipes musicais, algo de que Miley gostava muito.

VOCÊ SABIA?

Às vezes, quando estava no palco com o pai, Miley procurava a maior peça entre as calcinhas e os sutiãs atirados para o cantor. Ela então dizia que havia encontrado a maior fã do pai!

Miley frequentou a Heritage Elementary School, em Spring Hill, no Tennessee, onde começou a desenvolver suas próprias habilidades artísticas. A garota gostava de participar das produções escolares, mesmo não tendo os papéis principais, e, nas férias, costumava ir para um acampamento de teatro. Ela também seguiu os passos da mãe entrando para uma equipe de líderes de torcida. As meninas mais velhas do Premier Tennessee Allstars cuidavam dela e se divertiam muito viajando pela América para diferentes competições. Hoje ela ainda é amiga de algumas companheiras de equipe.

Miley revelou para a *TeenMag* em 2009: "Quando viajava com a equipe de líderes de torcida, nós sempre cantávamos e brincávamos de karaokê. Então, eu sempre fui uma artista".

Ela contou em uma entrevista para o jornalista David Hiltbrand: "O treino era bem duro, mas vale a pena quando você está no palco ganhando troféus".

Na escola, Miley gostava de aprender idiomas, mas detestava as aulas de Matemática.

VOCÊ SABIA?

Miley não era toda doçura e inocência; foi expulsa de uma escola evangélica particular por rebeldia. Ela explicou às outras garotas o que era um beijo francês e roubou a cadeira motorizada de sua professora. A imprensa não soube disso por muito tempo, e Miley só confessou o segredo quando tinha vinte anos.

Aos oito anos, Miley decidiu que queria ser atriz profissional quando crescesse. Seu pai lembra o momento exato em que ela tomou a decisão, e contou o fato ao *San Francisco Chronicle*: "Estávamos assistindo à peça *Mamma Mia!*, e, na metade da apresentação, Miley me cutucou e disse: 'É isso que eu quero fazer. Quero ser uma grande atriz.'"

A família a incentivou a perseguir o sonho de carreira, porque sabia que era isso que ela queria, mas Billy Ray teria ficado mais feliz se ela, em vez disso, fosse uma estudante comum. Miley acabou abandonando a equipe de líderes de torcida quando começou a participar de audições. Ela admitiu em uma entrevista para a BMI.com, em dezembro de 2007, que costumava se apresentar para a família, dizendo: "Quando eu era pequena, costumava subir no sofá e dizer: 'Olhem para mim!' Tínhamos um box de vidro, e eu trancava as pessoas lá dentro e as obrigava a ficar lá assistindo à minha apresentação. Eu as obrigava a assistir".

Miley tem muitas lembranças boas da infância na fazenda, mas na escola as coisas foram difíceis, e as lembranças felizes não são muitas. Outras crianças a invejavam por ela ter um pai famoso e dinheiro, então implicavam com ela, deixando-a muito infeliz. Miley teve de enfrentar muito bullying e chorava frequentemente por causa das coisas cruéis que os colegas diziam a ela. Deve ter sido muito difícil quando até as suas supostas amigas se voltaram contra ela e passaram a se divertir com isso, transformando sua vida em um inferno. Um dia, essas colegas acharam que seria divertido trancá-la no banheiro – eram meninas realmente terríveis –, mas Miley ficou com tanto medo que não se atreveu a contar para um adulto. As coisas só melhoraram quando o pai a ouviu falando pelo telefone sobre o que os colegas haviam feito com ela e decidiu ir conversar com o diretor da escola.

Quando a escola investigou o caso e descobriu que Miley sofria abusos havia muito tempo, o diretor sugeriu que talvez fosse uma boa ideia denunciar o bullying à polícia, mas Miley não quis. Ela só queria sair da escola e esquecer aquelas pessoas e o que fizeram. A partir de então, Miley estudou em casa, o que achou muito melhor. Em uma entrevista para o talk show *The View* ela falou sobre as garotas que a atormentavam na escola: "Elas eram as maiores. E diziam às outras [às outras meninas da sala de

Miley] que estariam seguras, se não fossem minhas amigas. Eu me lembro de um dia, era hora do almoço e tínhamos lugares marcados, porque as coisas estavam saindo do controle de tal maneira que as pessoas não podiam nem sentar perto uma das outras, e havia o dia em que os assentos eram determinados, mas, onde quer que você se sentasse, era lá que passaria o resto do ano... e ninguém se sentou ao meu lado, então, passei o resto do ano sentando sozinha todos os dias. Essa era a parte mais assustadora, simplesmente estar sozinha".

Em outra entrevista com a modelo e apresentadora Tyra Banks, Miley explicou como o bullying havia destruído sua confiança. Ela revelou:

> Eu lembro quando estava na escola, eles tinham aquela foto minha que era a pior de todas as minhas fotos. Eu era muito pequena e me lembro de ir ao ginásio um dia, e todos nós tínhamos de ser pesados, o que já não me agrada, porque não acho que alguém tenha de ser obrigado a se pesar na frente dos colegas, e isso simplesmente causa desconforto entre as meninas. E eu sempre fui menor que todo mundo, e me lembro delas falando coisas como "ah, ela é muito pequena". Acho que foi então que decidiram usar isso para me atormentar. E havia aquela foto minha na qual eu era muito pequena. Estava ao lado delas, e dava para ver bem o contraste. Elas andavam o tempo todo com a foto e me mostravam aquela imagem tentando me assustar, e se você olha bem para aquilo, é assustador. Pensamentos assustadores.

VOCÊ SABIA?

Quando fazia *Hannah Montana*, Miley tinha um tutor, e entre as filmagens de uma temporada e outra ela frequentava uma escola especial chamada Options For Youth. Lá os alunos tinham um professor particular ou formavam pequenos grupos nos quais compartilhavam um professor.

Ainda hoje Miley sofre abuso de internautas que se divertem dizendo coisas cruéis sobre sua aparência. Normalmente ela não lê o que essas pessoas escrevem, mas, às vezes, artigos ofensivos chamam sua atenção. Depois que algumas pessoas escreveram que suas "coxas balançam", Miley decidiu responder em uma sequência de tweets.

Ela escreveu:

> Falem tudo que quiserem. Tenho meus defeitos. Sou uma garota normal, tem coisas em meu corpo que eu mudaria, mas parem de me chamar de g*rda nas postagens. Eu nem gosto da palavra. Esses comentários que vocês, pessoas detestáveis, fazem são palavras de guerra. Palavras que ferem as pessoas e as levam a se ferir ou ferir os outros.
>
> Pessoas que acham normal ser tão detestável me enojam e precisam passar menos tempo em sites de fofoca e mais tempo a. lendo a Bíblia, b. lendo histórias/artigos sobre o que acontece em consequência da prática de abuso e agressão virtual. Crianças se ferem. Isso não é para ser tratado como algo sem importância. Sei que esses "quadros de recados" são "bobagem" para VOCÊS, mas para a vítima é diferente. Isso tem que parar!!!
>
> Ah, e por favor, se suas coxas não balançam, procure um médico. Obrigada.

Miley concluiu o último tweet com um link para um site contra o cyber bullying, de forma que qualquer vítima de abuso on-line pudesse encontrar ajuda e orientação.

VOCÊ SABIA?

A madrinha de Miley pode ser Dolly Parton, mas o primeiro CD que ela comprou foi *Hit Me Baby One More Time* de Britney Spears. Na época ela nem imaginava que acabaria gravando uma música com Britney em 2013.

VOCÊ SABIA?

Miley nasceu canhota como o pai, mas, quando era criança, Billy Ray a ensinou a escrever com a mão direita. Ela explicou por que durante uma entrevista para o *Moviefone*. "Meu pai dizia: 'Você não devia ser canhota... vai ter de aprender o mundo ao contrário, então precisa aprender a escrever com a mão direita'. E assim eu comecei a ser destra".

Miley aprendeu a tocar violão com a mão esquerda e depois decidiu aprender também com a mão direita, e agora sabe tocar com as duas mãos.

CAPÍTULO DOIS

"PAPAI, QUERO SER ATRIZ!"

MILEY NÃO PASSOU A INFÂNCIA TODA NA FAZENDA NO TENNESSEE PORQUE A vida da família Cyrus mudou no começo dos anos 2000, quando a popularidade de Billy Ray diminuiu. A sua carreira musical estagnou, e ele decidiu seguir um conselho que ouvira do pai alguns anos antes. Billy Ray explicou isso ao *San Francisco Chronicle:* "Ele disse: 'Filho, acho que pôs todos os ovos em um cesto com essa música. Acho que devia diversificar, criar uma carreira como a de Kenny Rogers ou Dolly Parton'. Na semana seguinte, quando estava em turnê por Los Angeles, li em um jornal sobre a formação de elenco para uma montagem de *Mulholland Drive*, de David Lynch. Meu agente me ajudou a conseguir uma audição, e eles me contrataram".

Pouco depois de terminar *Mulholland Drive*, Billy Ray conseguiu o papel principal no *sitcom Doc*, que era filmado em Toronto, no Canadá. Miley deve ter ficado eufórica, porque pôde ver como era a vida de um ator e ainda teve a chance de escapar do bullying.

Miley estava determinada a ser atriz, mas sua primeira audição aconteceu por acaso. Ela havia decidido ir assistir à audição de alguns amigos para um comercial de televisão da Banquet Foods, porque queria ter uma ideia do que esperar quando participasse de uma audição. Mas, em vez de observar os amigos, ela acabou participando: seus amigos eram jovens demais para o papel, então a mãe deles sugeriu que Miley aproveitasse a oportunidade, e seu desempenho foi maravilhoso. As pessoas que escolhiam o elenco para o comercial ficaram tão impressionadas que ofereceram o papel a ela.

O primeiro trabalho real de atuação de Miley surgiu em 2001, enquanto morava em Toronto com a família. Ela adorava ir ao set de *Doc* com o pai e, quando estava lá, conversava com o elenco e a equipe. Toda semana ela perguntava ao pai se ele já havia recebido o novo roteiro, e se ela teria um papel. Um dia seu desejo de participar de *Doc* se realizou quando ela foi convidada a aparecer em um episódio. Miley agarrou a chance e se dedicou integralmente ao personagem Kiley, que havia se mudado recentemente com o pai para o mesmo prédio onde morava Doc (representado por Billy Ray). Miley gostou tanto de estar na frente da câmera que isso a fez desejar ser atriz ainda mais intensamente.

Miley podia ter o talento bruto, mas sabia que, para ter sucesso, precisaria fazer todas as aulas de atuação que pudesse para tornar-se ainda melhor e se destacar nas audições. Ela sabia que competiria com meninas que disputavam papéis há anos, mas estava mais do que disposta a aceitar o desafio. Enquanto os amigos em Toronto construíam bonecos de neve ou andavam de trenó, ela só queria estar em um teatro praticando o tempo todo. Queria conseguir um papel por sua capacidade, não por ser filha de Billy Ray Cyrus.

Miley gostava muito do cantor country George Strait, que costumava usar um grande chapéu de caubói o tempo todo. Seu apelido era o "Rei do Country", e a avó dela também adorava o cantor. George é 40 anos mais velho que Miley, mas isso não tinha importância quando ela cantava suas canções no carro a caminho do set de *Doc*: a menina teria adorado se casar com ele!

Outra paixão de infância foi o grupo Hanson. Ela foi assistir a um show dos rapazes com a irmã mais velha, Brandi, e as duas esperaram do lado de fora do ônibus da turnê só para tentar vê-los. Muitas meninas da escola de Miley gostavam de Isaac, Taylor e Zac, então, ela não estava sozinha. Os meninos eram mais velhos que ela, mas só uns dez anos, mais ou menos.

Um de seus primeiros interesses românticos foi um menino chamado Tyler Posey. Ela o conheceu no set de *Doc* e trocou com ele o primeiro beijo. Tyler contou à revista *Seventeen*: "Namoramos por dois anos e terminamos quando tínhamos onze. Eu a vi na TV três anos mais tarde e quase fiquei maluco! Ainda somos amigos".

VOCÊ SABIA?

Tyler é conhecido pelo papel de Scott McCall no programa *Teen Wolf* da MTV, e também como o filho da personagem de Jennifer Lopez, Marisa, no sucesso *Encontro de Amor*.

Em 2003, quando Miley tinha onze anos, ela foi escalada para o elenco do filme *Peixe Grande e Suas Histórias Maravilhosas*, de Tim Burton. Era um trabalho importante, porque o filme seria uma produção de Hollywood exibida no mundo inteiro. Havia muitos atores famosos no filme: Ewan McGregor, Helena Bonham Carter, Danny DeVito... e teria como diretor Tim Burton, que havia dirigido *Planeta dos Macacos* e *Batman: O Retorno*. Miley faria o papel de uma menina de oito anos chamada Ruthie. Ela só teria de dizer "Edward, não" para um menino que ia à casa da bruxa, mas ainda era um papel com uma fala, o que fazia dela mais que uma figurante.

A produção foi filmada a mil e duzentos quilômetros de Toronto em Montgomery e Wetumpka, no Alabama, por isso Miley teve de fazer uma longa viagem para gravar sua cena. A primeira experiência como estrela do cinema não foi tão glamorosa; sua cena foi filmada em um pântano e à noite, por isso havia muitas coisas rastejantes e assustadoras e fazia muito frio. Mesmo assim, ela adorou a experiência de estar em um filme, e essa participação certamente aumentou suas chances nas audições seguintes.

Além de filmar *Peixe Grande e Suas Histórias Maravilhosas* em 2003, Miley participou de uma audição para um novo programa de TV da Disney, cujo nome seria *Hannah Montana*. O processo de audição foi complicado, e durante um bom tempo Miley não soube se seria escolhida para o papel principal, o de uma colegial que levava vida dupla como artista de sucesso mundial. Ela revelou ao *Daily Mail*: "Quando participei da audição para a série eu tinha onze anos, e só consegui o papel aos treze, então, foram dois anos de espera e dúvida sobre se aquilo ia realmente acontecer para mim. Era triste pensar que eu não conseguiria, e meu pai estava sempre dizendo: 'Sabe, Miley, você tem todo o tempo do mundo, não tenha pressa e seja criança', mas aquilo era tudo que eu queria fazer. Queria viver meu sonho e fico muito feliz por tudo ter finalmente dado certo".

Quando Miley fez a primeira audição para *Hannah Montana*, ela tentou o papel de Lilly Truscott, mas, no fundo, sabia que queria representar Chloe Stewart. Mais tarde, quando conseguiu o papel, eles mudaram o nome da personagem para Miley Stewart para tornar tudo menos confuso, senão Miley atuaria como Chloe, que também era Hannah!

O primeiro passo no processo de audição exigia que o agente de Miley enviasse para a Disney uma fita com Miley lendo as falas de Lilly. Eles ficaram tão impressionados que pediram outra fita, dessa vez de Miley lendo as falas de Chloe Stewart. Miley explicou ao *Zap2it*: "Eu gravei. Fiz duas fitas, quatro fitas. Comecei como Lilly, e eles quiseram que eu participasse da audição para Hannah Montana, e aquilo parecia muito positivo. Eles disseram: 'Você é muito pequena, muito nova. Adeus'. Bem, aquilo foi grosseiro. Então, gravei outra fita. Droga! Eles iam assistir à minha fita e iam gostar dela!".

Um dia, sem aviso, quando Miley havia quase perdido a esperança, ela recebeu um telefonema das pessoas que escalavam o elenco para *Hannah Montana*, que a convidaram para participar de uma audição ao vivo em Los Angeles. Seu sonho de representar Chloe não havia acabado!

Miley sabia que tinha que dar tudo na audição. Sabia que a Disney pensava que ela podia ser jovem demais para representar Chloe, por isso decidiu usar maquiagem e os sapatos altos da mãe para parecer mais velha. Quando chegou ao local da audição, ela viu que havia muitas outras garotas que teria de vencer para conseguir o papel. "Uma audição para qualquer coisa é um processo assustador. Você entra em uma sala com sessenta garotas. No meu caso, devo dizer, não sei por que me escolheram. Você os vê comandando as tomadas e entende que eles sabem muito mais do que você. E não gostam de você – essa é a parte mais assustadora!", ela contou ao *Zap2it*.

A audição de Miley foi muito boa, mas só duas semanas mais tarde ela soube que estava entre as trinta finalistas. Depois de impressionar novamente, foi informada de que estava entre as três finalistas. Sua última audição foi muito difícil, porque as outras duas garotas eram muito talentosas. Miley deve ter ficado muito feliz quando foi informada de que ela era a menina que queriam para fazer o papel de Chloe. Ela havia esperado muito tempo: tinha onze anos quando fez a primeira audição, e treze quando filmou o primeiro episódio de *Hannah Montana*!

Na verdade, os criadores da série ficaram fascinados na sala de audição, mas levaram tanto tempo para tomar a decisão de contratar Miley porque ela era muito nova e inexperiente. As outras duas meninas finalistas tinham muito mais experiência. Uma delas tinha dezesseis anos, três mais que Miley, e a outra era Taylor Momsen, que havia participado do filme *Pequenos Espiões 2*. Quando estavam decidindo que garota seria melhor para o papel, eles perceberam que o pai de Miley era Billy Ray Cyrus. Antes de ela ficar entre as três finalistas, ninguém na Disney sabia quem era seu pai, porque Billy Ray achava que seria importante para Miley conseguir o papel por seu talento, não pela influência de ser filha dele.

Os criadores compreenderam que Miley podia ter a qualidade de estrela em seus genes. Arriscaram com ela porque queriam ver na TV a magia que viram nas salas de audição. Eles também conseguiram convencer os chefes da Disney de que ela era a escolha perfeita. Miley disse a Jonathan Ross em seu programa: "Cinco minutos antes da minha audição, respinguei refrigerante em mim e um passarinho fez cocô na minha cabeça, e aparentemente isso dá sorte, porque consegui o papel".

Quando Billy Ray soube que as coisas iam mudar porque Miley representaria Hannah Montana, ele escreveu uma canção sobre como se sentia. A música "Ready Set Don't Go" fala de quando um pai sabe que é hora de deixar a filha ir. Na canção, Billy Ray fala sobre Miley ter ambições maiores que sua cidade e como ela espera ter sua bênção antes de partir. A música explica como ele sorri para disfarçar o coração partido e diz que ele tem de deixá-la abrir suas asas. É uma canção forte, cheia de emoções brutas.

VOCÊ SABIA?

Se quiser ver as audições de Miley, você pode recorrer ao YouTube. Basta procurar "Miley Cyrus Hannah Montana audition". Você pode ver a primeira audição de Miley e outras posteriores, nas quais ela atua ao lado do pai. São muito boas de ver e mostram por que ela foi escolhida.

O homem por trás de *Hannah Montana* era Gary Marsh, Presidente de Entretenimento do Canal Disney. Ele decidiu que era necessário fazer um programa como *Hannah Montana* porque a Disney transformava crianças normais em grandes atores e, depois, quando eles iam embora, também se tornavam grandes artistas do mundo da música. Pessoas como Britney Spears, Justin Timberlake e Christina Aguilera começaram em programas da Disney. Gary contou a *Variety*: "Conduzimos essas crianças para histórias de gigantesco sucesso... mas pensamos: 'Não devíamos alimentar tudo isso internamente?' Construíamos celebridades que se tornavam astros do rock em outros lugares".

Gary se envolveu diretamente no processo de encontrar a garota certa para representar Hannah Montana, e ele soube que Miley queria desesperadamente o papel depois de ver sua primeira audição. Ele também realizou seu desejo de "construir alguém internamente": Miley foi a primeira artista a ter contratos de televisão, cinema, produtos e música com a Disney.

Ele explicou ao *Knight Ridder Newspapers* o que fez com que ela se destacasse: "Recebemos um telefonema de um agente [que disse], 'Miley vai viajar novamente para a audição'. Vou lhe dizer, fizemos muitas audições ao longo dos anos, e ninguém jamais havia feito essa oferta antes. Eu disse: 'Temos de ver essa menina de novo'".

Quando Miley conseguiu o papel de Hannah Montana, Billy Ray decidiu que queria se candidatar ao papel de Robbie Stewart, pai de Miley na série. Ele não sabia se era bom o bastante, mas queria tentar. Foi a primeira vez que ele considerou atuar novamente depois de *Doc*, mas sabia que atuar ao lado de Miley seria incrível.

Billy Ray explica: "Quando deixei *Doc*, eu disse que nunca mais faria outra série de TV. Sentia muita falta da música e do contato com os fãs... Mas essa oportunidade apareceu – era um grande roteiro, a chance de trabalhar com uma grande empresa como a Disney e, ainda, a cereja no bolo, viver tudo isso com minha filha".

Billy Ray procurou Steve Peterman e os outros criadores de Hannah Montana e pediu uma audição. Inicialmente eles hesitaram, porque queriam um ator com experiência em comédias para o papel de Robbie. Sabiam que Billy Ray não havia atuado muito até então, mas decidiram que não faria mal algum dar a ele uma audição porque, afinal, ele era pai de Miley. Não esperavam nada grandioso, mas quando compararam essa audição com a dos outros dois candidatos, só havia um vencedor claro: Billy Ray. Eles gostaram de como ele e Miley brincavam e interagiam em cena, e o fato de ele tocar violão e cantar era um grande bônus.

Miley ficou muito feliz quando soube que Billy Ray faria o papel de seu pai em *Hannah Montana*, porque isso significava que passariam muito tempo juntos. Se ele não tivesse conseguido o papel, teria de viver longe da família. Ter Billy Ray trabalhando com ela todos os dias faria Miley se sentir amada e protegida, e ela poderia pedir seus conselhos sempre que precisasse deles.

CAPÍTULO TRÊS

PODE ME CHAMAR DE HANNAH

Toda a família Cyrus tinha de se mudar para Los Angeles imediatamente, então Tish escolheu pela internet a primeira casa da família naquela cidade e a comprou sem, de fato, ver o imóvel. Ela simplesmente gostou das fotos no site e soube que aquele seria um bom lugar para se morar. Não havia tempo para olhar vários imóveis; ela só precisava de um lugar para onde pudessem se mudar imediatamente.

Depois da assinatura do contrato, Miley precisava começar a desenvolver suas duas personagens e dominar a técnica para decorar muitas falas em pouco tempo. Em cada episódio ela tinha muito texto, por isso era realmente importante que conhecesse muito bem os scripts. Ela explicou ao crítico de TV David Kronke como era representar uma personagem que levava vida dupla: "Como atriz é muito divertido, porque você experimenta coisas diferentes de perspectivas diferentes. Como pessoa, é um pouco mais difícil. É trabalho dobrado não só para mim, mas para todos dos bastidores, como figurino, cabelo, maquiagem... É difícil, mas ao mesmo tempo muito divertido ser a personagem".

A melhor parte é acrescentar minha visão a tudo isso. Eu me relaciono com as duas facilmente. Sigo o script, mas é importante ser eu mesma. Não queria criar uma grande *persona* falsa, porque o roteiro pede uma menina real. Sendo assim, ser do Tennessee e inexperiente funcionou a meu favor – eles pegaram a menina normal, comum, e me transformaram em uma estrela pop.

VOCÊ SABIA?

Originalmente, a série não teria o título *Hannah Montana*. A equipe de criação propôs muitos outros títulos para o alter ego rock star de Miley, inclusive Anna Cabana, Samantha York e Alexis Texas. Esses nomes agora soam estranhos, porque ninguém consegue imaginar outro nome além de Hannah Montana para a personagem principal e título da série.

Antes de *Hannah Montana* ir ao ar pela primeira vez, Miley teve de atuar no palco para setecentas crianças, de forma que essa cena fosse gravada para o programa. O primeiro concerto foi uma das coisas mais estressantes que ela já fez. Ninguém na plateia fazia ideia de quem era Miley – o público apenas foi incentivado a ir ao show e aproveitar a chance de aparecer na televisão.

Miley teve apenas quatro dias para preparar seis músicas com um professor de canto e um coreógrafo. Não podia desistir, tampouco ter seu pai no palco; tinha de ir em frente sozinha e fazer o melhor possível. Ela não esperava nada da plateia além do silêncio, mas teve uma grande surpresa. Eles a amaram! Gritavam "Hannah, Hannah!", aplaudiam e cantavam com ela. Foi o tipo de reação que Britney Spears ou Beyoncé teriam provocado. Daquele momento em diante, Miley se tornou uma estrela, e os chefes da Disney compreenderam que haviam encontrado um tesouro.

Quando o piloto de *Hannah Montana* estreou alguns meses mais tarde, foi um grande sucesso. A estreia aconteceu em 24 de março de 2006 para a maior plateia já registrada para um programa do Canal Disney, 5,4 milhões de pessoas!

VOCÊ SABIA?

Miley gosta de assistir a antigos episódios e lembrar como foi o começo. Os roteiristas da série usaram algumas experiências da vida real de Miley para escrever partes dos scripts, por isso assistir a esses episódios traz de volta ainda mais lembranças de como foi crescer na família Cyrus.

Trabalhar com o pai não era sempre fácil para Miley. Às vezes, ele realmente a constrangia, como ela explicou à jornalista Maya Motavalli: "Quando estamos fazendo sessões de fotos ou algo assim, ele simplesmente grita coisas que eu não quero que ninguém saiba, coisas aleatórias. 'Lembra aquela vez quando você era pequena?', esse tipo de coisa. Mas é divertido, porque quebra o gelo e faz todo mundo sorrir. Se é preciso me constranger para alegrar as pessoas, eu aguento!"

Quando o *San Francisco Chronicle* perguntou a Billy Ray sobre os prós e os contras de trabalhar com Miley de maneira tão próxima, ele disse: "É dar e receber o tempo todo. É uma linha tênue e, às vezes, parece que estou andando suspenso entre os dois prédios mais altos de Nova York. É preciso dar um passo de cada vez. Acredite em mim: seja na vida profissional ou pessoal, às vezes, as coisas se desequilibram. Se vou apara a direção errada, simplesmente tento voltar atrás. A regra mais importante é continuar sendo o melhor amigo de Miley. Entramos nisso como melhores amigos. A coisa mais importante é continuar assim".

VOCÊ SABIA?

Quando Miley começou a atuar, tentou perder o sotaque porque não havia muitos papéis disponíveis para garotas com aquele sotaque do sul. Quando foi escalada para ser Hannah, ela chegou com "sotaque melhorado", mas a Disney não gostou. Queriam a Miley real e seu acento do Tennessee. Miley voltou rapidamente a falar como sempre, e essa é a voz que ela usa na série da TV e nos filmes.

Durante sua fase de crescimento, Jesus era o homem mais importante para Miley. Ela adorava falar sobre sua fé e queria inspirar os fãs a lerem a Bíblia e a conhecerem Jesus.

Miley pode não ter sido uma pregadora como seu bisavô Eldon Cyrus, mas queria ser uma luz na escuridão. Seu pai também é cristão e ecoou as crenças de Miley quando falou para a revista *Today's Christian*: "Estou em paz com minha vida – passado, presente e futuro. Sei que todas as coisas boas vêm de Deus Todo Poderoso lá no alto. Agradeço por minhas bênçãos todos os dias. Todos os dias eu rezo para Deus me mostrar as portas pelas quais Ele quer que eu passe, as pessoas com quem Ele quer que eu fale, as canções que Ele quer que eu escreva. Quero ser a luz que Ele quer que eu seja neste mundo".

Miley ecoou os pensamentos do pai quando falou para o *Fox News* em março de 2008: "Acho que é minha fé que me mantém com os pés no chão, especialmente por eu ser seguidora de Cristo, com certeza. Viva como Cristo e ele viverá em você, e é isso que quero fazer".

Miley e a família iam à igreja todos os domingos e, como não havia filmagens de Hannah Montana nesses dias, a família passava o resto do dia relaxando reunida. Mas Miley sabia que ser cristã ia além de simplesmente ir à igreja aos domingos; ela tentava orar e ler a Bíblia todos os dias. No início, ela e a família iam à igreja simplesmente porque gostavam; não tinham uma ligação com Jesus. Isso mudou quando eles entraram para a The People's Church, em Franklin. De repente, as coisas se encaixaram em seus lugares e eles começaram a colocar Deus à frente de tudo em suas vidas.

VOCÊ SABIA?

Antes de sair do Tennessee e se mudar para Los Angeles, toda a família Cyrus foi batizada.

Miley ficava acordada até tarde lendo a Bíblia e adorava fazer essa atividade, pois ela e a família acreditavam que o Livro era diferente de qualquer outro no mundo, porque você pode ler a Bíblia cem vezes e ainda vai aprender alguma coisa nova em cada uma dessas leituras. Ela explicou ao *TV Guide*: "A Bíblia é meu guia de 'como fazer' na vida".

A Bíblia de Miley a ajudou em tempos difíceis. Ela gostava especialmente de ler o Livro dos Salmos, que é composto de canções e poemas de louvor a Deus. Ler o Livro dos Salmos a ajudou a lidar com o bullying, com sua taquicardia, e ensinou que dinheiro, segundo ela, não importa. Miley contou ao *TV Guide*: "Não sei o que faria sem um Deus que me abençoa com o dom que tenho".

Miley estava muito feliz por ser virgem e jurou continuar assim até o dia de seu casamento, mas, quando adulta, seus sentimentos mudaram. Até então, ela usava um anel de pureza para simbolizar a promessa que havia feito a si mesma, à família e a Deus, mas o tirou do dedo quando mudou de ideia.

O primeiro beijo de verdade de Miley aconteceu no set de *Hannah Montana*. Ela estava muito nervosa, porque seria a primeira vez que faria isso, mas o garoto que ela beijaria interpretou mal seu nervosismo e pensou que ela estivesse aflita por temer que ele não beijasse bem. Embora nunca mencione o nome dele em entrevistas, Miley diz que ele a ensinou a beijar. Depois que as câmeras pararam de gravar, ela disse adeus e saiu correndo. Deve ter sido estranho dar o primeiro beijo em uma sala cheia de gente como plateia.

Miley teve vários beijos em cena. Quando filmava *Hannah Montana*, ela nunca podia escolher quem beijaria, simplesmente era informada sobre quem seria seu par amoroso. Era de se esperar que ficasse constrangida por beijar garotos com o pai tão perto, mas não; Miley via os beijos em cena como parte do trabalho e diferentes dos beijos na vida real.

VOCÊ SABIA?

Quando Miley estava filmando *Hannah Montana*, seus pratos preferidos eram pizza (*barbecue chicken*) e o prato espanhol de ovos com fritas. Ela gostava tanto de ketchup que costumava bebê-lo direto da embalagem!

Representar Hannah Montana não deu a Miley apenas a oportunidade de atuar, mas também foi uma chance de cantar. Miley lançou vários álbuns como Hannah Montana durante o período em que esteve na série, o que a deixou muito feliz. Mas, com o passar do tempo, ela quis gravar as próprias canções, em vez de cantar coisas pelas quais não era apaixonada. A jovem não queria ser controlada e seu desejo era de fazer as coisas à sua maneira.

Seu primeiro álbum foi chamado simplesmente *Hannah Montana* e foi lançado em 24 de outubro de 2006. O CD ficou em primeiro lugar nos EUA, sétimo lugar no Reino Unido e décimo no Canadá e estava cheio de faixas que ela canta no programa. São elas:

1. The Best of Both Worlds
2. Who Said
3. Just Like You
4. Pumpin' Up the Party
5. If We Were a Movie
6. I Got Nerve
7. The Other Side of Me
8. This Is the Life
9. Pop Princess
10. She's No You
11. Find Yourself in You
12. Shining Star
13. I Learned from You

Faixa Bônus de Edição Especial:

14. Nobody's Perfect

O segundo álbum de Miley foi lançado oito meses mais tarde, em 26 de junho de 2007. *Hannah Montana 2: Meet Miley Cyrus* foi primeiro lugar na América, terceiro no Canadá, oitavo no Reino Unido e ficou no topo das paradas em outros países também. Era um álbum duplo, com o primeiro disco contendo a trilha sonora da segunda temporada de *Hannah Montana*, e o segundo contendo músicas da própria Miley. As faixas estão citadas a seguir:

CD 1
1. We Got the Party
2. Nobody's Perfect
3. Make Some Noise
4. Rock Star
5. Old Blue Jeans
6. Life's What You Make It
7. One In a Million
8. Bigger Than Us
9. You and Me Together
10. True Friend

CD 2
1. See You Again
2. East Northumberland High
3. Let's Dance
4. G.N.O (Girl's Night Out)
5. Right Here
6. As I Am
7. Start All Over
8. Clear
9. Good and Broken
10. I Miss You

Miley sempre disse que a música era o amor de sua vida, por isso ela ficou muito feliz quando foi informada de que um dos discos teria suas próprias músicas. Ela se orgulhava das dez canções em que havia trabalhado e disse ao Wallmart Soundcheck:

> Meu álbum *Miley* é um pouco diferente do *Hannah Montana*, porque escrevi muitas canções do CD e acho que isso o torna mais pessoal, e o título do álbum é *Meet Miley Cyrus*, e isso é exatamente o que este álbum representa. Trata-se do encontro comigo e da minha apresentação para mostrar o que tenho feito além de *Hannah Montana*.

> Meu *Meet Miley Cyrus* é meio rock'n'roll e também um pouco do pop, o que é realmente me conhecer, conhecer meu estilo. Quero dizer, algumas coisas são mais techno, e algumas coisas têm muito violão, é tão estranho que é preciso ouvir a música para entender. Não tem como dar a ela um estilo determinado.

Em janeiro de 2013, quando Miley tinha vinte anos, ela refletiu sobre o passado e disse a *Cosmopolitan* como havia sido lançar seus álbuns *Hannah Montana*, confessando: "A Disney sempre me pressionou dizendo 'Você tem de promover a série da TV em dois meses, então, certifique-se de que seu disco estará pronto... e quando você promover seu disco, é preciso também promover a série, o filme e o disco *Hannah Montana*'. Basicamente, eu desenvolvia a carreira de duas pessoas e tentava fazer da minha a prioridade".

Enquanto Miley trabalhava em *Hannah Montana,* ela namorou Nick Jonas em segredo por um tempo, mas no fim teve de revelar o romance. Eles continuaram namorando durante dois anos e depois se separaram. Miley ficou devastada. Depois de um tempo, o casal superou o rompimento e os dois tentaram ser bons amigos.

Apesar de terem namorado quando tinham apenas treze e quatorze anos, Miley acredita que ela e Nick eram muito maduros, porque estavam crescendo no mundo do show business e tinham álbuns e shows para promover o tempo todo. Os dois queriam ser os melhores artistas que poderiam ser e queriam que seus CDs tivessem sucesso. Essa relação não foi fácil, pois, sendo os dois grandes estrelas, um dia ela estava na Alemanha, no outro Nick estava em outra parte, e eram raros os momentos em que os dois estavam no mesmo lugar, ao mesmo tempo, juntos e sem a interrupção de compromissos de trabalho. Nick foi o primeiro amor de Miley, e ela diz que o amará para sempre com todo seu ser.

Em uma entrevista para Amanda de Cadenet do *The Conversation*, Miley admitiu: "Tive minha maior desilusão amorosa aos quatorze anos, embora isso pareça loucura, porque eu tinha quatorze anos, mas, para mim, aquilo era o amor".

"Eu estava apaixonada por alguém. Estava apaixonada por aquela pessoa que pensava ser perfeita e incrível, e, quando você tem o coração partido, isso é tudo que vê. Fiquei pensando: 'Minha vida está arruinada para sempre porque ele não me ama... Ele não me acha bonita, então, não sou bonita, ele acha que não mereço seu tempo, então, não mereço o tempo de ninguém'."

"Passar por isso com uma filha é muito, muito difícil, especialmente com Miley em turnê", Tish contou ao E!. "Houve momentos em que eu só queria que estivéssemos em casa e que ela pudesse superar tudo aquilo com privacidade."

Miley decidiu ser honesta com os fãs e contou a eles como se sentiu durante as semanas seguintes ao rompimento com Nick. Ela conseguiu mostrar ao seu público que o fim de um relacionamento não significa que você nunca mais vai ser feliz. Miley chorou por um mês e tingiu o cabelo de preto para atingir Nick, porque ele gostava de seu cabelo exatamente como era. Agora Miley pode achar isso infantil, mas, na época, foi o que a ajudou a seguir em frente.

Ela contou tudo sobre seu romance à revista *Seventeen:* "Nós começamos a namorar no dia em que nos conhecemos. Ele havia decidido que queria me conhecer, e logo falou que eu era bonita e que gostava de mim. E eu disse que também gostava muito dele".

"Durante dois anos ele foi basicamente minha vida, 24 horas por dia, sete dias por semana. Mas foi difícil esconder o namoro. Nós brigávamos muito, e não era divertido."

Durante os dias de Miley como *Hannah Montana*, ela esteve próxima de outros adolescentes da Disney – pessoas como Vanessa Hudgens, Demi Lovato e Ashley Tisdale. Também era próxima das atrizes e cantoras Aly e Aj Mickalka. As irmãs agora gravam com o nome de sua banda 78violet.

Sua melhor amiga era uma garota chamada Vanessa, que Miley conheceu quando visitava crianças doentes em um hospital de Los Angeles. Vanessa tinha só nove anos quando elas se encontraram pela primeira vez e Miley sentiu entre as duas uma conexão imediata. Queria conhecer Vanessa de verdade, e a convidou para visitá-la no set de *Hannah Montana*. Vanessa tinha fibrose cística e estava muito doente. Não podia fazer tudo que uma criança normal de nove anos fazia, mas ainda assim ela sorria. As duas se tornaram melhores amigas, e Vanessa ajudou Miley a perceber como a vida é preciosa, e como seus problemas eram pequenos comparados aos das pessoas que têm doenças graves. Infelizmente, Vanessa faleceu três anos depois de elas terem se conhecido.

Miley ficou devastada quando Vanessa morreu, porque imaginava que teria muitos anos mais com a amiga. Ela disse em uma entrevista ao *Daily Mail*: "No ano passado eu perdi uma de minhas amigas mais próximas para a fibrose cística. Ela tinha quase 13 anos e faleceu quando eu estava em turnê, por isso não pude voltar para casa quando isso aconteceu. Fiquei meio maluca. Não conseguia entender por que aquilo havia acontecido e fiquei muito abalada".

"Eu estava em turnê com os Jonas Brothers e Nick disse que eu tinha de me controlar e era verdade, porque eu estava enlouquecendo."

Depois que Vanessa morreu, Miley se aproximou da dançarina Mandy Jiroux. Ela era cinco anos mais velha que Miley, mas isso não afetou em nada a amizade, porque Miley era madura demais para a idade. Mandy foi uma das dançarinas de *Hannah Montana* durante anos. Em fevereiro de 2008, elas postaram um vídeo engraçado em seu canal do YouTube depois de Miley ganhar um computador novo. O primeiro vídeo foi um grande sucesso entre os fãs de Miley, e elas decidiram fazer outros. Os primeiros quatro episódios de *Miley and Mandy Show* foram vistos ao todo por mais de um milhão de pessoas em apenas algumas semanas. E tudo começou porque Miley ganhou um computador novo. Elas se divertiram muito escolhendo a música e filmando os vídeos no quarto de Miley. Depois, Miley editou tudo e criou um grande episódio.

VOCÊ SABIA?

Foi assistindo ao *The Miley and Mandy Show* que os fãs de Miley passaram a se chamar de Smilers. Mandy chamava Miley de "Milers" e "Smilers" durante os diferentes episódios.

Com o passar do tempo, Mandy se tornou como uma irmã para Miley, e elas começaram a usar pulseiras "Life's Good" idênticas. Ser a melhor amiga de Miley fez de Mandy uma espécie de celebridade também, porque os vídeos *The Miley and Mandy Show* foram vistos por muita gente no YouTube. As garotas iam às compras, faziam uma festa do pijama e filmavam o programa. Houve um período em que elas filmavam os vídeos juntas um dia sim, outro não.

Miley inspirou Mandy a começar a cantar, e ela se juntou a um grupo feminino chamado The Beach Girl5. Elas postaram o último vídeo em 6 de setembro de 2009 e os fãs de Miley ficaram enfastiados; não tinham como acompanhar a amizade de Miley e Mandy, e depois de um tempo Mandy desapareceu de cena. Os fãs de Mandy não perceberam, mas ela estava ocupada em turnê pelo mundo com sua banda. Mandy revelou tudo em um vídeo que postou no canal Miley Mandy do YouTube em 15 de novembro de 2013. Estava muito diferente sem os cabelos castanhos, agora loiros. "Faz cinco anos desde que um vídeo foi postado no canal Miley Mandy do YouTube... Loucura!", ela disse.

E revelou que durante quatro desses cinco anos ela esteve com seu grupo feminino, mas havia passado o último ano dançando e coreografando para o rapper e produtor americano Sky Blu. Mandy disse que se orgulhava muito de Miley, que estava em sua Bangerz Tour na época em que o vídeo foi postado. Usando o nome MJX, Mandy começou sua carreira solo. Seu primeiro single, "Speakers Boom", foi disponibilizado para download no iTunes em 10 de maio de 2013.

Para mais informações sobre Mandy e sua música, siga-a no Twitter @MandyJiroux. Ela ainda é amiga de Miley, mas as duas não são mais tão próximas quanto antes, sem dúvida porque estão ocupadas com as turnês e o trabalho.

VOCÊ SABIA?

Miley foi grande amiga da atriz e modelo Brenda Song durante muito tempo, quando ela namorava o irmão de Miley, Trace. Taylor Swift também foi amiga de Miley quando estava começando sua carreira, mas com o passar do tempo elas se afastaram.

Miley ficou muito decepcionada quando sua conta de e-mail foi invadida em 2007 e suas fotos privadas foram postadas na internet. Nessas fotos, ela mostrava a barriga e posava de calcinha jogando beijos para a câmera. A publicação on-line desse conteúdo particular causou à atriz muitos problemas, porque Miley nunca quis que as fotos fossem publicadas, e as pessoas a criticaram por ela ter feito tais fotos, afinal, ela estava apenas entrando na adolescência.

O hacker era um adolescente chamado Josh Holly, que pensava que nunca seria pego, e era tão confiante que deu entrevistas anônimas para websites. Ele disse ao site Threat Level que havia invadido a conta de e-mail de Miley, messagemebay@gmail.com, e encontrou as fotos, que haviam sido mandadas para Nick Jonas quando ele e Miley namoravam.

Josh queria vender as fotos e procurou o site de celebridades TMZ.com, entre outros, mas todos recusaram a oferta porque as fotos haviam sido obtidas ilegalmente. No fim, como não conseguiu ganhar nenhum dinheiro, ele decidiu publicá-las no digitalgangster.com para o mundo todo ver. Alguns sites de celebridades, então, reproduziram as imagens gratuitamente e escreveram matérias sensacionalistas para acompanhá-las. Ninguém deu a mínima importância aos sentimentos de Miley.

Josh foi rastreado e seu apartamento foi revistado em outubro de 2007. Ele foi preso por hacking e fraude de cartão de crédito, porque tinha duzentos números de cartões roubados. Embora não tenha sido processado pela invasão à conta de e-mail de Miley, o adolescente foi indiciado por um esquema de spam no MySpace que rendeu a ele mais de cem mil dólares. Ele foi condenado a uma pena de três anos de reclusão.

VOCÊ SABIA?

Hackers voltaram a atacar Miley um ano mais tarde. Invadiram sua conta no YouTube e postaram um vídeo anunciando que ela havia morrido. Felizmente, sua amiga Mandy postou uma mensagem dizendo que o vídeo era mentiroso e que Miley estava bem.

CAPÍTULO QUATRO

FAMÍLIA EM PRIMEIRO LUGAR

MILEY É EXTREMAMENTE LIGADA À FAMÍLIA TODA, MAS A PESSOA DE QUEM ELA era mais próxima era seu "Pappy", que morreu em 2006. Pappy era avô de Miley – pai de seu pai – e ela sente falta dele todos os dias. Quando o avô morreu, ela fundou em sua memória a Pappy Cyrus Foundation para angariar dinheiro para as crianças carentes na América.

Miley falou para a *MediaBlvd Magazine* em abril de 2009 sobre como se sentia:

> Já faz três anos desde que meu avô morreu. Aquele foi um dia difícil porque ele era como meu melhor amigo, então eu criei a Pappy Cyrus Foundation. Trabalhamos com todos os tipos de pessoas. Chegamos a fazer algumas visitas à Casa Branca. Uma das razões pelas quais eu estava na inauguração foi para conseguirmos envolver toda a América. É algo muito importante. Lidamos com abrigos para sem-teto.
>
> Quando eu estava em turnê em 2007, minha melhor amiga morreu de fibrose cística e, logo depois, meu avô morreu. Eu tive um período difícil envolvendo o câncer e coisas desse tipo e é basicamente para pessoas com essa doença que trabalho. Fiz uma turnê com os Jonas Brothers, e nós angariamos 2,5 milhões de dólares para a City of Hope, que se dedica a estudos

e tratamentos para crianças. Foi realmente incrível acompanhar o processo. Íamos aos hospitais e os observávamos fazendo todas aquelas coisas malucas. Ficávamos lá sentados vendo células vivas sendo manipuladas, e foi incrível. Essa foi uma das minhas melhores experiências.

Miley nunca vai esquecer Pappy e as lições que ele ensinou. Ele a inspirava muito. Visitá-lo sabendo que ele estava morrendo foi muito difícil, e ela escreveu a canção "I Miss You!" para o avô pouco antes de sua morte.

VOCÊ SABIA?

Quando Miley era criança, o avô comprou de presente para ela um burro de verdade. Ela ficou muito feliz e deu ao animal o nome de Eeyore. O avô disse a ela que Eeyore era meio zebra porque tinha tornozelos brancos. Era brincadeira, mas Miley acreditou nele.

Em dezembro de 2009, Miley fez a primeira tatuagem ("Just Breathe") sobre as costelas, em homenagem à amiga Vanessa e ao avô. Ela disse a *Harper's Bazzar:* "Ela me lembra de não tratar as coisas como certas. Quero dizer, respirar – algo que nenhum dos dois podia fazer, a coisa mais básica. E eu a fiz perto do meu coração, porque é onde eles sempre estarão".

Inicialmente, os fãs ficaram chocados quando ela fez a primeira tatuagem, porque em 2008 ela havia jurado que nunca se tatuaria por ter medo de agulhas. Miley deu essa declaração porque trabalhava em *Hannah Montana* e tentava corresponder às expectativas da Disney, mas ela faria as tatuagens assim que tivesse idade para isso.

Os pais de Miley sempre proporcionaram um lar amoroso para ela e os irmãos, mas o relacionamento entre eles nem sempre foi sólido, e, em 26 de outubro de 2010, Billy Ray pediu o divórcio da mãe de Miley, Tish, alegando "diferenças irreconciliáveis". No dia seguinte, eles deram uma declaração em conjunto para a revista americana *People*. Disseram: "Como vocês podem imaginar, esse é um momento muito difícil para nossa família. Estamos tentando resolver questões pessoais. Agradecemos pelos pensamentos e pelas orações".

Quando Billy Ray foi entrevistado pela *The View*, em 18 de março de 2011, revelou que ele e Tish não iam mais se divorciar. Os fãs de Miley ficaram muito felizes por saber que os pais dela se esforçavam para salvar o casamento.

Infelizmente, dois anos mais tarde, em 13 de junho de 2013, Tish pediu o divórcio de Billy Ray, alegando mais uma vez "diferenças irreconciliáveis". Miley parecia apoiar a mãe, e postou furiosa no Twitter que Billy Ray precisava "dizer a verdade". Ela escreveu: "@billyraycyrus como você não responde às minhas mensagens, vou dar uma hora para contar a verdade, ou eu conto por você".

Miley também postou uma foto dela com outra mulher, mas logo a apagou. Quatro minutos depois desse post, ela escreveu: "WTF? Meu Twitter está ficando maluco!".

No mês seguinte, Tish e Billy Ray começaram a terapia de casal. Casados há vinte e dois anos, decidiram se esforçar para salvar o casamento. Saíam juntos, e Tish postou uma foto dos dois no Instagram mostrando aos fãs que estavam apaixonados novamente.

Ver os pais tentando salvar o casamento ensinou muito a Miley e, quando a *Rolling Stone* perguntou sobre relacionamentos, ela respondeu: "Tudo é uma troca. Tipo, quando meus pais estão bem, eles estão bem, quando não estão, eles não estão, mas sempre retomam o caminho. Eles nunca se pressionam. E eu acho que essa é a melhor maneira de ser. É assim que eles superam tudo que enfrentam. A melhor coisa que meus pais já me ensinaram é que você não tem de ficar grudado no outro o tempo todo. Por exemplo, meu pai pode ir passar um tempo em Nashville, e minha mãe pode ficar em Los Angeles, mas eles ainda estão andando lado a lado. E desde que estejam no mesmo caminho, um dos dois pode se adiantar um pouco, e o outro pode ficar um pouco para trás".

Miley e a mãe são muito próximas, e quando Miley estava filmando *Hannah Montana*, Tish acompanhava a filha ao trabalho todos os dias para ter certeza de que ela estava feliz e segura. Ela sempre insistiu para que a filha mantivesse uma vida normal de adolescente e não a deixava trabalhar demais. Quando Miley rompe com os namorados, é Tish quem a ampara e apoia.

Tish é a fortaleza de Miley e sempre está disponível nos momentos em que a filha precisa de ajuda ou conselhos. Seu amor pela liderança de torcidas foi o que levou Miley a entrar em uma equipe e deu a ela a confiança para participar de audições.

Tish criou muito bem Miley e os irmãos quando Billy Ray estava na estrada e não podia ficar em casa. Ela é uma verdadeira inspiração para Miley. Mas às vezes pode ser um pouco irritante, como qualquer mãe. Quando Miley ainda morava na casa dos pais, Tish a deixava de castigo por mau comportamento e a punia confiscando algumas de suas coisas, como Miley contou a tribute.ca em 2007: "Minha mãe às vezes é bem severa. Eu fico de castigo, o tempo todo! Ela tira meu celular, meu computador, a TV (não assisto muito à TV, então, tudo bem), mas o computador e o telefone são as primeiras coisas que ela pega!".

VOCÊ SABIA?

Quando era mais nova, Miley ficava muito perturbada quando não sabia o que vestir. Ela se sentia pressionada para estar sempre bonita.

Miley e a mãe são tão próximas que, às vezes, brigam como cão e gato, mas sempre fazem as pazes. Elas são mais como irmãs do que como mãe e filha. Quando Miley tinha quatorze anos, elas saíam e as crianças pensavam que Tish era Hannah Montana, porque seus cabelos eram longos e loiros, enquanto os de Miley eram naturalmente castanhos.

Uma das coisas que Miley sempre trata com atenção é a necessidade de fazer os pais se orgulharem dela. "A última coisa que quero fazer é desapontar meus pais. O pai de minha mãe morreu quando ela tinha dezoito anos, e se alguma coisa acontecer com um de meus pais, quero ter certeza de que ele se foi sentindo orgulho de mim", ela disse a *Glamour*, em abril de 2009. "Acho que é egoísta viver em festas e baladas, especialmente se há crianças [em sua família]. Tenho uma irmã de nove anos, e não quero que ela vá para a escola e sofra deboche por causa disso".

Além de ser próxima da mãe, Miley também é muito próxima da "Mammie" – a avó materna. Ela acha que é muito parecida com sua Mammie, por conta da lealdade característica de ambas. Quando era mais nova e começou a sair, sua Mammie dizia para ela aplicar um pouco mais de blush. A avó de Miley adora maquiagem e está sempre bem produzida.

Miley pode ser multimilionária, mas tempo é o bem que ela considera mais precioso. É tão raro ter tempo extra para fazer as coisas que quer que, quando tem chance, ela gosta de se dedicar a algum novo hobby ou de visitar as pessoas que mais ama. Às vezes, cancela entrevistas e aparições, se estiver emocionalmente esgotada, porque pode adoecer; às vezes, ela só precisa de tempo para a Miley.

VOCÊ SABIA?

Quando Miley está atrasada, ela não corre; simplesmente mantém o ritmo. Por causa de seu problema cardíaco, ela não pode se estressar.

Miley nunca foi mimada pela família, e ter cinco irmãos a ajudou a manter os pés no chão. Ela tem uma meia-irmã, dois meios-irmãos e um irmão e uma irmã mais novos.

Sua irmã mais velha é Brandi, que é meia-irmã, na verdade. Ela é filha de Tish e foi adotada por Billy Ray quando ainda era pequena. Brandi é seis anos mais velha que Miley, por isso foi morar sozinha quando Miley ainda filmava *Hannah Montana*. Embora não morassem juntas, elas permaneceram muito próximas, com Brandi levando Miley para fazer compras e comer fora em seus restaurantes favoritos. Brandi sempre foi uma pessoa de confiança para Miley.

Brandi também atuou sozinha e ao lado de Miley. Ela esteve em "The Real Miley Cyrus, Billy Ray Cyrus: Home at Last", um episódio de *Hannah Montana* e *Zoey 101*. A verdadeira paixão de Brandi é a música, e ela faz parte de uma banda chamada Frank + Derol. É guitarrista e também compõe as canções da banda; Brandi, Codi e Megan querem um contrato de gravação e, enquanto não conseguem, se apresentam tanto quanto podem. Brandi é muito confiante no palco, porque tocou guitarra para Miley quando ela estava em turnê e também em *Hannah Montana*.

O twitter de Brandi é @BrandiCyrus e em sua bio ela se descreve como "compositora, música, blogger, designer, cavaleira de competição. Tenho fé em um Salvador que me dá VIDA". Sua personalidade é muito diferente da de Miley, como ela explicou para o E! on-line: "Ela é definitivamente mais barulhenta e tem uma personalidade muito forte. Gosta de ser o centro das atenções e diverte todo mundo, e eu sou muito mais retraída. Atenção me deixa nervosa".

Ela admite que Miley e Noah são muito parecidas, mas diz que gostam de coisas diferentes. E explicou: "[Noah] gosta um pouco mais que Miley de coisas normais... como cavalgar. [Miley não tem o] período de atenção. Ela é tipo, 'Não. Chato. Não'".

Miley confessa que não gosta de cavalgar, e disse a Josh Eells da *Rolling Stone*:

> Amo os animais, mas não gosto de montar. Não adoro estar em cima de um cavalo, não é meu tipo de coisa. Eu me sinto mal. Só quero ter o animal de estimação. Não quero obrigá-lo a trabalhar. Mas gatos, gatos são pavorosos... Cada vez que vejo um gato, acho que ele vai me atacar. Que vai acontecer o pior. Nunca vejo lealdade nos gatos. Eles vão me arranhar e fugir. A mesma coisa com cachorros pequenos. Sabia que os Yorkies foram criados para matar ratos no palácio da Rainha? Eu tive um Yorkshire Terrier, e se eu fosse um rato, ele teria me comido, com certeza. E Chihuahuas são os animais mais assustadores do planeta. Tenho pavor de Chihuahuas.

Trace é o meio-irmão mais velho de Miley e irmão de Brandi. Quatro anos mais velho que Miley, ele é filho de Tish e foi adotado por Billy Ray quando era pequeno. Seu pai biológico é um baterista chamado Baxter Neal Helson. Trace tinha dezesseis anos quando eles se mudaram do Tennessee para Los Angeles. Obcecado por música, ele participou de várias bandas. Uma delas foi a Metro Station, que integrou com o companheiro Mason Musso (irmão de Mitchel Musso, que fazia o papel de Oliver em *Hannah Montana*). Quando a banda acabou, no começo de 2010, ele se tornou conhecido como Ashland HIGH e lançou álbuns solo.

VOCÊ SABIA?

As pessoas achavam que a irmã com quem Miley mais parecia era Noah, a mais nova, mas ela sempre disse que sua personalidade era mais parecida com a de Trace.

O twitter de Trace é @TraceCyrus e seu website é www.smhpclothing.com. Ele é apaixonado por arte e tem o corpo coberto de tatuagens. Tish o levou para fazer a primeira tatuagem no dia seguinte ao seu aniversário de dezoito anos e, desde então, ele faz mais e mais tatuagens. Seu tatuador acredita que um dia ele terá a cabeça toda coberta de desenhos. As tatuagens de Trace são: Ashland no rosto, muitos desenhos mostrando sua fé cristã, botas de caubói, uma granada, duas "Mãe", "Tennessee" e "Hollywood" nos nós dos dedos, uma linda menina de cabelos castanhos em um braço e uma versão zumbi da mesma garota no outro braço... e muitas mais. Embaixo do olho direito ele tem uma cruz, e embaixo do olho esquerdo tem duas penas, que representam seu relacionamento próximo com Billy Ray.

Quando Trace não está se apresentando, ele se dedica à sua linha de roupas – Southern Made Hollywood Paid. Em seu website ele escreve: "Sempre gostei de moda e achei que seria divertido ter uma linha de roupas, mas nunca pensei que teria a chance de fazer alguma coisa assim".

"Quando finalmente tive a oportunidade de ter minha própria marca, quis que o nome me representasse. Por isso escolhi Southern Made Hollywood Paid. Sinto que esse nome diz muito sobre mim, minha vida e minha história. Amo todas as formas de me expressar na vida, e por isso criei a SMHP."

Em uma entrevista para a Leigh Valley Music, em abril de 2013, Trace foi questionado sobre quanto contato tinha com Miley. Ele respondeu:

> Vejo Miley e minha família sempre que tenho uma chance, mas você tem de entender. Sinto que eu e minha família estamos entre os mais ocupados do ramo musical. Meu pai está sempre fazendo alguma coisa. Eu estou sempre fazendo alguma coisa, Miley está sempre fazendo alguma coisa. Então, o tempo que passamos juntos eu sinto que tem que ser muito valorizado, e fazemos o melhor possível com esse tempo. Mas, definitivamente, não é tanto quanto eu gostaria que fosse. Mas, no futuro, todos nós vamos ter de reduzir o ritmo da carreira, então, estamos só tentando viver esse momento tanto quanto podemos e tirar da carreira tanto quanto é possível.
>
> Mas moro a oito quilômetros de Miley e meus pais, então, definitivamente, nos vemos sempre que queremos, sabe? Porém, como eu disse, é difícil conciliar nossas agendas de trabalho.

Christopher Cody é meio-irmão de Miley. Ele nasceu em abril de 1992. Christopher e Miley se encontraram algumas vezes, mas ele foi criado na Carolina do Sul, mais de três mil quilômetros longe da casa de Miley em Los Angeles.

Christopher conseguiu viver a vida longe dos holofotes, graças à mãe Kristen. Enquanto Miley trabalhava em *Hannah Montana*, ele trabalhava em uma loja de eletrônicos por 7,50 dólares (cerca de 18 reais) a hora. Quase não fala sobre Miley e Billy Ray, mas em 2009 deu uma rara entrevista ao *Mirror*.

Christopher disse ao jornalista: "Ela [Miley] não é a superstar na esfera privada. É uma adolescente normal que se diverte e ri de si mesma. Continua sendo a mesma pessoa que era antes de toda essa fama. Ainda é minha irmã palhaça. Miley não é uma pessoa autocentrada, de jeito nenhum".

Ele mostrou aos jornalistas mensagens que havia recebido de Billy Ray. No dia de Natal, ele mandou uma mensagem para o pai, "Feliz Natal", mas Billy Ray só respondeu em 4 de janeiro, quando escreveu: "Ei, cara, por onde você anda? Sumiu." Christopher respondeu: "Eu sumi? Você desapareceu. Tentei fazer contato com você".

O irmão mais novo de Miley é Braison, que tem dois anos a menos que ela. Quando era adolescente, ele era muito mais alto que Miley. Os dois tinham personalidades diferentes, como Miley explicou em um tweet em julho de 2009. Ela postou duas fotos deles lado a lado e escreveu: "Irônico. Meu irmão todo de preto, eu toda de branco. História da nossa vida. Irmãos e irmãos são tão semelhantes quanto mãos e pés".

Como muitos irmãos mais novos, Braison gosta de irritar Miley, e uma vez, quando ela perguntou se ele aceitaria integrar uma banda com ela, Braison respondeu que não, porque era bom demais para ela.

Braison também atuou um pouco. Como Miley, participou de um episódio de *Doc* e apareceu em um episodio de *Hannah Montana*, em 2008. Mas atuar não é sua paixão, e ele prefere jogar basquete. Gosta de jogar um contra um e driblar Billy Ray, mas sentiu falta de jogar basquete com o pai quando Billy Ray era um dos concorrentes de *Dancing with the Stars* em 2007. Braison, Miley e o restante da família Cyrus adoravam ir ao estúdio torcer por ele, mas Billy Ray ficou bem longe de ser o melhor dançarino. Mesmo assim, conseguiu terminar em quinto lugar, o que foi um bom resultado.

Como o restante da família Cyrus, Braison se dedica à música e formou uma banda quando ainda estava na escola, a Lazy Randy, da qual participavam seus amigos Josh Reaves e Lashette Showers. O hábito de Braison de tocar até tarde da noite irritava Miley, especialmente quando ela tinha muitas cenas para filmar no dia seguinte, porque o quarto dele ficava a apenas duas portas do dela. Ela explicou ao apresentador do programa da TV americana *The View* em março de 2009: "Ele tem uma bateria. É tortura. Eu odeio isso".

Depois de se formar no colégio, Braison continuou os estudos na Pasadena School of the Arts, mas também tocou em outra banda, Friends of the Family. Quando tinha dezoito anos, ele foi contratado pela Wilhelmina Models, que tem Kendall e Kylie Jenner em seu cast, além de muitas outras top models. O primeiro trabalho de modelo foi a página central da revista *Troix*, cujo título era "Boys of Summer" (Garotos de Verão). Ele também respondeu a algumas perguntas, confessando que é apaixonado por Katy Perry e quer ser ator. Quando Miley soube que Braison seria modelo, ela achou engraçado e postou no Twitter uma foto dele em preto em branco, ao lado de um retrato dela também em preto e branco, com as palavras: "Eeeeiiii! Quem é mais bonito? Eu voto em Braison? Haha @tyrabanks quem você ACHA QUE VAI SER O PRÓXIMO ANTM?! ☺" (ANTM é uma abreviação para o programa de Tyra, *America's Next Top Model*.)

O twitter de Braison é @BraisonCyrus, e seu site de música é braisoncyrus.bandcamp.com. No site você pode baixar suas canções originais "Just 1 Touch" e "Disappear".

Em julho de 2012, a família Cyrus levou um susto quando Braison foi levado para o hospital com forte sangramento na boca. Ele teve de usar uma jarra para recolher o sangue que irrompia; o sangramento era tão intenso que o sufocava. Os médicos diagnosticaram a hemorragia e o levaram para o centro cirúrgico. É natural que Tish e Billy Ray tenham ficado extremamente preocupados, pois o garoto poderia ter sangrado até a morte se os médicos não houvessem agido rapidamente.

Depois da cirurgia, o sangramento foi estancado, e Braison teve alta no dia seguinte. Ele postou no Twitter: "Obrigado pelo amor no Twitter. Estou totalmente recuperado. Vocês são gente boa. Obrigado por se importar. Tirei as amigdalas na semana passada. Não sei exatamente o que aconteceu, mas, resumindo, minha artéria se rompeu e sangrou muito. Tudo bem agora. Graças a bons médicos".

O membro mais novo do clã Cyrus é a irmã de Miley, Noah. Ela é sete anos mais nova que Miley e adora ser líder de torcida e atuar. Seu maior amor, porém, é cavalgar, e ela tem um cavalo chamado Constantine e um pônei chamado Comet. A grande ambição de Noah é representar os Estados Unidos na Olimpíada e depois, talvez, tornar-se treinadora de cavalos.

VOCÊ SABIA?

Em seu aniversário de treze anos, Noah decidiu tentar angariar fundos para a campanha contra o uso de veículos puxados por cavalos em Nova York. Ela pediu aos amigos para doarem US$13,00 para sua entidade favorita, a NYCLASS (New Yorkers for Livable and Safe Streets). Também fez uma festa na boate Level 3 em Hollywood e posou para fotos divertidas com Miley e um cartaz de Harry Styles do One Direction.

Noah é muito esperta e costumava confundir Miley com algumas palavras que ela inventava quando era pequena. Billy Ray e Tish queriam proteger a inocência das filhas pelo maior tempo possível, e assim, durante a infância de Miley e Noah, havia apenas dez canais de TV aos quais podiam assistir, em vez de milhares de canais disponíveis na TV a cabo. Por causa disso, Miley e Noah não assistiam a programas de fofoca e reality shows, mas não se importavam, porque isso significava que passavam mais tempo com a família.

Eles também evitavam ler revistas de fofocas e o que as pessoas escreviam sobre a família na internet. Miley explicou a *Rolling Stone:*

> Meus pais nunca permitiram tabloides em casa. Quando minha mãe tinha ajudantes e eles traziam tabloides para casa, ela dizia: "Não pode trabalhar para nós. Não quero meus filhos lendo isso". Então, meu pai não sabe o que estão dizendo sobre mim ou nossa família – o que é melhor. É bom que ele não saiba procurar no Google e toda essa m****. Meu pai mal sabe usar o computador. Ele leva literalmente 45 minutos para postar um tweet. Ele é tipo: "Posso tirar uma foto com meu BlackBerry? Tem um aplicativo para isso?" E eu: "Pai, você não tem um iPhone. Não sabe nem o que isso significa".

Em outra entrevista para a *Viva Press* Miley explicou como foi a infância com os pais. Ela revelou:

> Eu raramente ouvia minha mãe falar palavrões. Minha mãe é a mulher mais doce que já vi. Ela soletra a palavra droga, ela é muito doce. Isso era o que ela realmente detestava. Como quando você começa a ouvir palavrões e começa a repeti-los... Lembro uma vez, acho que foi a primeira vez em que chamei minha irmã de vaca. Foi horrível. Fiquei trancada no quarto, tive a boca lavada com sabão, pacote completo. E eu disse: "Mãe, ela é. Isso é o que ela é. Uma vaca". Fiquei muito encrencada. Nunca vou esquecer a primeira vez que fiz aquilo. Eu estava perdida. Era o tipo de coisa que realmente deixava minha mãe muito brava. Meu pai, acho que ele provavelmente não vai reconhecer, mas talvez tenha achado meio engraçado. Como

quando uma criança repete o que ouve. Aquela era a única coisa que abalava minha mãe – e ela é bem esquisita com televisão.

Meu pai sempre deixava a gente ver *Os Simpsons*. Ficávamos acordados até tarde vendo Cartoon Network com meu pai, e ela odiava aquilo. Minha mãe achava que tudo era violento demais, até *Tom e Jerry*. Minha mãe, definitivamente, não gostava daquilo. Meu pai sempre nos deixava assistir a qualquer desenho animado que quiséssemos ver. Minha mãe era realmente estranha com televisão. Assistir à televisão era coisa que não fazíamos muito. Ela dizia: "Não quero ver as propagandas. Não quero que vendam qualquer coisa para vocês, ainda são muito novos". Se você sintonizar na Nickelodeon ou outro canal qualquer, tem propaganda de todo tipo de jogo e bonecas. Ela simplesmente não gostava disso.

Dentre os membros da família Cyrus, Noah é a que teve a vida mais "normal", mas está acostumada a ser perseguida pelos paparazzi sempre que está com os pais ou com Miley. Ela atuou em alguns filmes e programas de TV, mas não é tão apaixonada quanto os irmãos por atuar. Noah fez o papel de Gracie Herbert em *Doc*, uma criança pedindo doces no Halloween em *Mostly Ghostly*, várias meninas em *Hannah Montana*, e na série de TV *Take 2* ela foi Allison, Adamley e Deb. Sua voz está na animação *Ponyo* de 2008 e na série de TV *A Nova Escola do Imperador*.

VOCÊ SABIA?

Frankie Jones também participou de *Ponyo*. O irmão mais novo dos Jonas Brothers deu várias entrevistas para a TV ao lado de Noah, e eles se davam muito bem. Juntos, eles cantaram a música tema do filme.

Noah adora ter uma irmã famosa e os diferentes privilégios que isso lhe dá. Ela ama aparecer na casa de Miley, dar uma olhada no closet e pegar roupas emprestadas, mas algumas coisas Miley não empresta. As duas amam moda, e quando Noah tem um evento especial, Miley a ajuda com a maquiagem.

Quando Noah era mais nova, ela teve uma enorme paixão por Justin Bieber e conseguiu conhecê-lo quando Miley a levou a uma cerimônia de premiação no Canadá. Como lembrança da data, ela guarda algumas roupas de Justin dadas pela estilista do cantor, que somente permitiu que ela levasse algumas peças porque era a irmã de Miley.

Quando Miley raspou parte da cabeça pela primeira vez, Noah disse à mídia que nunca cortaria o cabelo daquele jeito, mas logo mudou de ideia. Em 6 de novembro de 2013, Brandi, a irmã mais velha, postou uma foto das duas no Instagram mostrando Noah com um lado da cabeça raspado e ela mesma com uma cara chocada atrás da irmã de treze anos: "Irmãzinha @noahcyrus me superou".

CAPÍTULO CINCO

MELHOR DE DOIS MUNDOS

A PRIMEIRA TURNÊ DE MILEY, BEST OF BOTH WORLDS TOUR (MELHOR DOS Dois Mundos), começou em 18 de outubro de 2007 e terminou em 3 de janeiro de 2008, com todos os ingressos dos shows esgotados. Miley adorou cada uma das apresentações – ter a oportunidade de fazer shows para milhares de pessoas todas as noites era um sonho que se realizava. No palco, Miley se sente viva e mais feliz que nunca.

Viajar para cada local onde os shows acontecem é enlouquecedor para a maioria dos artistas, que ficam entediados e frustrados, mas, aos quatorze anos, Miley se divertia com tudo. Adorava o ônibus da turnê, que a mãe havia projetado para ser como a casa delas na Califórnia, também não sentia saudades de casa porque viajava com a família, que queria apoiá-la o tempo todo. Miley confessa que os dois aspectos negativos da turnê eram a comida – porque não era como a da mãe dela – e ter de cantar as mesmas músicas várias vezes, todas as noites, na mesma ordem. Ela teria preferido se pudesse mudar um pouco as coisas, mas essa opção não existia; ela tinha de fazer o que estava programado.

Sempre que o ônibus da turnê parava no local de um show, Miley entrava correndo para tomar banho. O banheiro do ônibus era pequeno, e era comum ela não conseguir tomar banho porque Trace e Braison costumavam usar toda a água quente. Seu pai não ficava no ônibus, porque gostava de voltar para casa todas as noites e cuidar dos animais de estimação da família, mas, mesmo assim, ia a todos os concertos sempre que era possível.

> VOCÊ SABIA?
> Quando viajavam no ônibus da turnê de Miley, seus irmãos e irmãs, apenas para irritá-la, usavam a escova de dente da artista para escovar os cabelos e as sobrancelhas!

Quando um fã de Miley perguntou se ela nunca ficava nervosa cantando para milhares de pessoas nos shows da Hannah Montana, ela respondeu: "Na verdade, agora é como uma segunda natureza. Sei que meu corpo está preparado para representar em certos momentos. Minha mãe deu risada outro dia, quando eu não tinha show. Às cinco da tarde, horário em que costumo começar o aquecimento, eu estava muito agitada. Ela me disse: 'Você se acostumou a se preparar a partir das cinco'".

Miley foi criticada na imprensa quando uma dublê de Hannah Montana foi usada em um dos shows. Sua assessoria de imprensa divulgou a seguinte declaração para explicar por que isso aconteceu:

> Para ajudar a apressar a transição de Hannah para Miley, houve um elemento de produção durante a apresentação de "We Got the Party" incorporando uma dublê de Miley.
> Depois de Hannah completar a parte do dueto com os Jonas Brothers, uma dublê aparece em cena aproximadamente um ou dois minutos antes do fim da canção para que Miley pudesse remover a peruca e o figurino de Hannah e transformar-se em Miley para a parte solo. Além desse pequeno momento de transição no show, Miley se apresenta ao vivo nos dois segmentos inteiros, como Hannah e como Miley.

Durante uma entrevista para o *USA Today*, logo depois da notícia ter sido veiculada, Miley foi questionada sobre a dublê. Ela disse: "Nem usamos mais, porque mudamos as músicas. Mas não era pelo motivo que todos comentavam, porque eu não canto, porque não sou isso, porque não sou aquilo. Foi uma coisa inteiramente técnica. Quando estou filmando *Hannah Montana*, levo uma hora e meia para passar de Hannah a Miley. [No palco], tenho um minuto e cinquenta e cinco segundos. Não tem jeito; preciso de três ou quatro minutos. Então, tivemos de usar uma dublê para dançar durante esse tempo".

Quando Miley estava em turnê, em 21 de novembro de 2007, foi lançado o filme *Bolt*, da Disney, no qual Miley fazia a principal personagem humana. Havia muitas falas para decorar, mas, por fazer apenas a voz de Penny, Miley podia manter o roteiro na sua frente, o que deve ter ajudado.

A trama do filme gira em torno da amizade de Penny e um cachorro chamado Bolt, dublado por John Travolta. Penny é uma atriz de doze anos que atua ao lado do cão Bolt em um programa de TV chamado *Bolt*. Ela o ama, e ele a ajuda a lidar com a vida de atriz. Quando Bolt desaparece, ela fica devastada, mas o pessoal do estúdio não se importa e simplesmente o substitui por outro cachorro branco. Bolt, ainda perdido, faz novos amigos peludos, consegue voltar para Penny e, quando acontece um incêndio, o cãozinho se destaca como herói. O filme acaba quando Penny percebe que não quer mais fazer parte do programa e vai morar no campo com Bolt.

Miley gostou muito de gravar *Bolt* e acreditava que as crianças tinham muito a aprender com o filme. Ela explicou a *Teen Hollywood*: "Amo todos os meus cachorros e espero que, depois de assistir a esse filme, as pessoas queiram ir para casa e amar seus cães. Espero que as crianças percebam que, um, você ama seus animais de estimação e sabe que podem ser grandes amigos. E, dois, que seja qual for seu trabalho, você precisa entender que pode parar em um segundo".

Além de dar voz a Penny no filme, Miley também gravou o tema do filme *Bolt*, "I Thought I Lost You", com John Travolta. A canção rendeu a ela um MTV Award de Melhor Música no Cinema e a cantora foi também indicada para um Globo de Ouro e um Critics Choice Award.

Dois dias depois da estreia de *Bolt*, Miley completou quinze anos. Ela adora fazer aniversário, e tudo que queria era voltar a Nashville, comer o bolo feito pela avó e ter um dia para relaxar com a família, mas seu desejo era impossível, porque havia shows agendados.

VOCÊ SABIA?

Miley fora um apelido que Billy Ray e Tish criaram, mas desde que ela ficou famosa, o nome se tornou popular. Em 2008, esse era o 128º nome mais popular de meninas nascidas na América. Miley explicou ao *Sun* em novembro de 2008 que queria que seu nome tivesse permanecido único. Ela disse: "Em muitos sentidos é uma honra ter seu nome em todo tipo de coisas, mas, por outro lado, é meio triste. Gosto de ser única. Acabei de me mudar para um novo bairro, e na minha rua tem uma garota chamada Miley. A grafia é diferente, mas mesmo assim fiquei muito desapontada".

Apesar de não poder realizar sua vontade, a família quis que ela comemorasse e planejou uma festa surpresa. Todos vestiram fantasias da década de 1980 e Billy Ray, anfitrião da noite, usou uma horrível peruca *mullet* loira. Ele providenciou para que todos os amigos de Nashville estivessem presentes. Foi uma grande surpresa para Miley, porque seu pai deveria estar do outro lado do país e ela não esperava vê-lo nessa data tão importante para ela.

Depois de se apresentar no show daquela noite, Miley ganhou um presente. Ela contou ao Office Max: "Toda a equipe – e nós viajávamos com 13 veículos naquela turnê – todo mundo subiu no palco para me dar um lindo relógio, um presente que vou lembrar para sempre".

Para compensar os fãs que não haviam conseguido ingressos para uma das apresentações do Best of Both Worlds, Miley decidiu fazer o *Hannah Montana & Miley Cyrus: Best of Both Worlds Concert 3D*, um filme do show. Os fãs podiam ir ao cinema mais próximo (e mais tarde comprar o filme em DVD). Ela divulgou para o *Baltimore Sun*: "Foi como um reality show 3D. Foi uma loucura ser seguida por aquelas câmeras e, sabe, se eu discutia com alguém ou alguma coisa ruim acontecia, eles corriam e perguntavam: 'Posso pôr o microfone?'. E isso era tipo, 'Ah, fala sério'".

Miley se envolveu realmente com a produção do concerto 3D para os fãs que não puderam vê-lo ao vivo, como ela explicou ao *Associated Press* quando o filme estreou:

> [Fizemos isso] basicamente por causa dos ingressos, e havia muita gente que não conseguiu ir ao show. Isso era melhor que a primeira fila. As pessoas tinham a impressão de que podiam tocar minha mão, e podiam me ver ali, bem na frente delas, o que é muito divertido. Além disso, também podiam ver os bastidores, que eu acho que é a [parte] mais legal de todas. Ver como aquilo acontece. Elas podem andar por ali e saber como é feito o trabalho de verdade. Quero dizer, acho que o meu trabalho é o mais fácil.

Miley se sentiu mal em uma apresentação do Best of Both Worlds e precisou de cuidados médicos. Eles descobriram que havia um problema em seu coração e diagnosticaram um quadro de taquicardia. Pessoas que sofrem de taquicardia têm os batimentos muito mais rápidos do que é considerado normal para a chamada frequência em repouso. Isso significa que o coração bate mais depressa e, portanto, o sangue é bombeado com menor eficiência, o que, por sua vez, significa que o corpo recebe menos sangue do que é necessário. Isso pode causar mal-estar e dificuldade para respirar, se a pessoa faz um esforço físico muito grande. Por causa desse problema, Miley precisa ter cuidado para não se aquecer demais nem se exceder no esforço físico durante as apresentações.

Em uma entrevista para *Xposé*, Miley sugeriu ao entrevistador, que tinha taquicardia, maneiras para lidar com o estresse. Ela disse: "Eu sempre tento pensar, me afastar da situação e [me] colocar dez anos à frente [de onde estou] e perguntar: 'Então, isso vai ser realmente importante na minha vida? Isso vai mudar o lugar em que estarei daqui a dez anos? Em meu momento mais feliz, isso vai ocupar espaço em meus pensamentos... não'. É isso, ou obcecar até a morte. Percebo que estou aflita porque tenho de dar um telefonema, ou preparar o jantar... finalmente, é tipo, tudo vai ficar bem".

Miley lançou um álbum ao vivo em 11 de março de 2008, o *Best of Both Worlds Concert*, o qual ficou em terceiro lugar nas paradas dos EUA e Canadá, sexto na Bélgica e décimo na Irlanda. Porém, só conseguiu chegar à posição de número 29 nas paradas do Reino Unido.

Faixas:

1. Rock Star
2. Life's What You Make It

3. Just Like You
4. Nobody's Perfect
5. Pumpin' Up the Party
6. I Got Nerve
7. We Got the Party
8. Start All Over
9. Good and Broken
10. See You Again
11. Let's Dance
12. East Northumberland High
13. G.N.O (Girls Night Out)
14. The Best of Both Worlds

O quarto álbum de Miley, *Breakout*, foi lançado em 22 de julho de 2008 e foi seu primeiro álbum independente longe de Hannah Montana. Ela é coautora de oito canções do álbum que foi um grande sucesso. O CD ficou em primeiro lugar na América, Austrália e Canadá, segundo na Nova Zelândia, sexto na Itália e décimo no Reino Unido e no Japão. Para Miley, essa foi a prova de que ela também – e não apenas Hannah –, tinha fãs.

Sua faixa favorita do álbum era "Fly on the Wall". Miley adorou o vídeo de "Fly on the Wall" porque a mãe o editou com ela. Ela sabia que, se quisesse ter algum controle sobre o vídeo, e para que ele mostrasse a verdadeira Miley, era preciso que sua mãe interferisse e assumisse o comando. Tish fez um ótimo trabalho com a ajuda dos produtores de vídeo Antonina Armato e Tim James, é claro.

Miley também gostou do conceito geral do vídeo, como explicou ao *Access Hollywood*: "O conceito é meio *Thriller*-esco [sic]. Os paparazzi se tornam zumbis e me atacam. Meu namorado tenta me salvar, mas não sei se ele também é um paparazzo. Então, sou eu tentando me esconder e fugir. É muito divertido, mas estou fugindo do meu namorado e dos paparazzi e tentando encontrar uma salvação durante todo o vídeo".

Faixas

1. Breakout
2. 7 Things

3. The Driveway
4. Girls Just Wanna Have Fun
5. Full Circle
6. Fly on the Wall
7. Bottom of the Ocean
8. Wake Up America
9. These Four Walls
10. Simple Song
11. Goodbye
12. See You Again

Miley ficou muito feliz por não estar em turnê em seu décimo sexto aniversário. Ela estava decidida a ter uma festa como nenhuma outra e queria a presença do maior número possível de Smilers. A festa aconteceu na Disneyland e milhares de pessoas foram ajudá-la a celebrar, inclusive, para grande alegria de Miley, sua melhor amiga Lesley. O evento angariou milhares de dólares para obras de caridade.

Antes do começo da festa, Miley disse a *GMA*: "Acho que esse vai ser o aniversário de dezesseis anos mais louco que já aconteceu, porque serão sete mil pessoas, e serão sete mil cupcakes para servir a todo mundo. Não quero ser a pessoa que vai fazer esses cupcakes, porque vai demorar muito!"

Houve um desfile com Miley vestida de princesa junto de um batalhão de celebridades e personagens da Disney participando. Ela também se apresentou porque, embora fosse seu aniversário, ela achava que devia dar alguma coisa aos fãs. Foi uma grande noite, uma noite que Miley, sem dúvida, lembrará para sempre.

Além da festa na Disneyland, Miley ganhou alguns presentes incríveis. Do pai ela ganhou o próprio estúdio de gravações, e a mãe comprou para ela uma cachorrinha chamada Sofie. Miley contou ao *TV Guide*: "Hoje ganhei um cachorro, então, não poderia estar mais feliz. Uma cadelinha chamada Sofie. Comecei a chorar, foi ridículo, mas não pude evitar".

A festa na Disney aconteceu um mês antes do verdadeiro aniversário de Miley, então, os amigos dela decidiram que tinham de fazer uma festa na data correta. Era noite do American Music Awards e, depois da premiação, Taylor Swift e Ashley Tisdale deram a ela um grande bolo. Taylor disse à revista *Star*: "Nós nos reunimos e achamos que seria divertido fazer uma festinha surpresa para Miley; ela merece".

> VOCÊ SABIA?
>
> Durante as filmagens da terceira e quarta temporadas de *Hannah Montana,* Miley ficou tão ocupada que quase não tinha tempo para tomar sol. Ela confessou a *Harper's Bazaar*: "Tive de pedir aos produtores para instalarem lâmpadas de bronzeamento no estúdio, porque estava ficando deprimida por falta de vitamina D".

CAPÍTULO SEIS

DISNEY DECEPCIONANTE

QUANDO MILEY POSOU PARA A CAPA DA *VANITY FAIR*, EM ABRIL DE 2008, ELA NÃO tinha ideia do problema que isso causaria. No segundo em que a revista chegou às bancas, a mídia enlouqueceu, comentava-se que Miley estava enrolada em um lençol revelando as costas nuas, e que isso não era apropriado. Grupos de pais pediam a suspensão de *Hannah Montana* porque, do ponto de vista deles, Miley não era mais um bom exemplo. As palavras cruéis magoaram Miley e sua família na época. Nos dias seguintes à publicação da revista, três declarações foram divulgadas: uma da Disney, uma de Miley e outra da *Vanity Fair*.

A declaração da Disney foi: "Infelizmente, como sugere o artigo, foi criada uma situação para manipular deliberadamente uma menina de quinze anos e, assim, vender revistas".

A declaração de Miley: "Participei de uma sessão de fotos que deviam ser 'artísticas' e agora, vendo as fotos e lendo a matéria, sinto-me muito constrangida. Nunca tive intenção de provocar tudo isso, e peço desculpas aos fãs, com quem me importo muito".

A *Vanity Fair*, obviamente, não ficou feliz por ser apontada como responsável por tudo e um porta-voz da revista declarou: "Os pais e/ou responsáveis de Miley estiveram presentes no set o tempo todo. Como as fotos foram feitas com equipamento digital, eles as viram no local e todos afirmaram que Miley estava retratada de forma bela e natural".

Dois anos depois do evento, Miley contou a *Harper's Bazzar* como realmente se sentiu naquela época. Ela confessou: "Meus pais achavam que estavam vendo uma bela foto de um grande fotógrafo, e o povo da América quis ver algo sujo naquilo? Não faz sentido para nós, porque [nossa família] não procuramos negatividade. Mas as pessoas não querem dizer 'Que grande desempenho', ou 'Que linda foto'. Ninguém quer olhar para alguma coisa como aquela e ver o positivo, porque isso não vende revista".

Felizmente, Miley conseguiu escapar do olhar da mídia depois do escândalo com a *Vanity Fair*, porque tinha de estar no set para seu novo filme *Hannah Montana: The Movie*. As filmagens começaram na primavera de 2008, mas a estreia mundial só aconteceu em 10 de abril de 2009. Pouco antes da estreia de *Hannah Montana: The Movie*, ela postou no Twitter: "Preparando-me para o tapete vermelho! Este é meu 1º filme, não acredito que finalmente chegou! Obrigada! E mãe, obrigada por me deixar sonhar!" O filme foi um grande sucesso desde o início e ficou em primeiro lugar em bilheteria na semana de estreia, vendendo impressionantes 34 milhões de dólares em ingressos! A estreia em Nashville atraiu multidões, com os fãs esperando durante horas pela oportunidade de ver Miley, que apareceu na companhia do pai, da amiga próxima Taylor Swift e de muitas outras estrelas do filme. Miley e Billy Ray estavam felizes porque *Hannah Montana: The Movie* foi filmado em seu Estado natal, Tennessee. Os chefões da produção pretendiam filmar em outro lugar, mas ela e o pai queriam tanto que o Tennessee fosse o cenário, que Billy Ray tomou para si a tarefa de convencê-los de que aquela seria a locação perfeita. Ele saiu de Los Angeles, foi para casa e voltou com todas as fotos que conseguiu de possíveis locações para as filmagens. Os produtores ficaram tão impressionados com o que Billy Ray mostrou que mudaram de ideia, e as estrelas Cyrus conseguiram o que queriam. Isso deu um grande impulso à indústria cinematográfica do Tennessee e criou muitos empregos na área. Miley disse a *CNN*: "[Fazer o filme] me deu tempo para relaxar, e nessa época minha carreira começava a decolar... eu estava começando a viajar. Era uma época em que eu precisava voltar para casa, e não poderia ter sido um momento mais perfeito".

Aquilo repetia o que acontece com Miley Stewart no filme. Ela é forçada a voltar para casa e decidir o que realmente quer: ser famosa ou ser uma garota comum. Billy Ray explicou a um repórter: "Este é definitivamente um exemplo de arte imitando a vida imitando a arte... É muito importante ter consciência de onde você está e permanecer focado no que está fazendo, mas, mais importante, nunca esquecer as origens, de onde você veio. Em casa não se pode forjar nada. Aquela era a casa dela".

VOCÊ SABIA?

Enquanto Miley promovia o filme, sua cachorrinha Sofie ficou muito doente, e a artista pediu aos fãs para rezarem pelo animal. Depois de passar por três cirurgias, Sofie logo se recuperou.

Para o filme, Miley teve de desenvolver suas habilidades cenográficas, porque o diretor tinha expectativas bem elevadas. Peter Chelsom queria ensinar a Miley como melhorar o foco e a concentração em cena. Ele explicou à agência on-line de notícias de entretenimento, BANG Showbiz: "Antes das filmagens fazíamos coisas que são feitas na escola de teatro. Eu a deixei de castigo? Não. Mas a fiz ler um soneto. Um soneto de Shakespeare. Ela disse: 'Ah, não. Não posso.' Eu insisti: 'Vamos fazer, sim, porque essa é a coisa mais difícil que jamais vai fazer.' E fazíamos todas essas coisas. Foi incrível".

"Tínhamos um código, eu dizia: 'Isso significa foco, porque não quero ter que gritar com você do outro lado do set!'"

Quando Miley teve de beijar Lucas Till em *Hannah Montana: The Movie*, talvez tenha sido complicado para o namorado dela na época, Justin Gaston, assistir, mas ela não teve problema nenhum para fazer a cena.

E disse aos repórteres: "Ele assistiu ao filme, e é só encenação, acho que é preciso manter isso em mente. E tenho certeza de que deve ser meio difícil, mas somos atores. Temos de ser bons no que fazemos".

Lucas ficou muito feliz por trabalhar com Miley, e disse a *CNN*: "Ela é muito legal e muito encantadora, e realmente se preocupa com as pessoas.

Ela é uma boa amiga, muito leal". Ele também insinuou que "havia muito mais ali do que aquele beijo que todos viram". Quando perguntaram a Miley se Lucas beijava bem, ela respondeu: "Ah, ele é normal. Não, é brincadeira. Não sei. Acho que estava ocupada demais pensando na próxima fala para me preocupar com isso".

Miley e Billy Ray ficaram muito felizes com *Hannah Montana: The Movie*, pois puderam mostrar ainda mais a conexão profunda entre eles, como o pai de Miley explicou ao *San Francisco Chronicle*:

> O filme é tão próximo da vida real quanto é possível, mas mantém a comédia e todos os ingredientes que fazem a série *Hannah Montana* funcionar. Mantivemos até a canção que eu canto "Back to Tennessee", que é o tema do filme e sua pedra fundamental. As palavras e a letra falam sobre viver lá e saber que nós dois temos de ir para casa. Meu pai tinha um ditado: 'Olhe sempre para o futuro, mas, mais importante, nunca se esqueça de onde veio e quem é'. E o filme e a canção são sobre isso.

VOCÊ SABIA?

Depois de terminar a filmagem, Miley sequestrou as galinhas usadas no filme, porque queria dar a elas uma vida melhor em sua fazenda no Tennessee. Ela saiu escondida do set e as levou embora antes que alguém pudesse impedir. A PETA, uma organização de proteção aos animais, ficou tão impressionada que a condecorou com um Compassionate Citizen Award (Prêmio de Cidadão Piedoso). O diretor assistente da PETA, Dan Shannon, disse à imprensa: "O coração de Miley é tão grande quanto seu sorriso. Esperamos que seu ato de compaixão inspire os fãs a também serem bondosos com os animais".

Quando *Hannah Montana: The Movie* se tornou um sucesso de bilheteria, Miley quis fazer mais filmes, mas longe de *Hannah Montana*. Ela queria papéis mais surpreendentes, com personagens diferentes daqueles que o público esperava dela. Além disso, queria gravar mais músicas, mas não sabia ao certo em que direção seguir. Quando a MTV perguntou sobre músicas country, ela respondeu: "Talvez um dia... deixo isso para os profissionais, mas não sei o que quero fazer".

Enquanto filmavam *Hannah Montana: The Movie*, Miley e sua colega Emily Osment se aproximaram. Emily fazia o papel da melhor amiga de Miley, Lilly Truscott, e as duas não se davam muito bem quando começaram a trabalhar juntas. Na primeira e segunda temporadas de *Hannah Montana*, elas brigavam e discutiam quando as câmeras não estavam ligadas. Depois do filme, o relacionamento entre elas melhorou, o que facilitou muito a filmagem da terceira temporada da série.

Miley não gostava de ter de fingir que ela e Emily eram melhores amigas na vida real, mas isso foi necessário quando estavam promovendo *Hannah Montana* no começo.

Em 2008, durante uma entrevista para a *Teen Mag*, Miley contou: "Quando nos conhecemos, nos tornamos automaticamente muito próximas. Quando estamos juntas nunca ficamos quietas, porque temos muito de conversar e muitas histórias para contar. Todo dia é uma novidade para nós. Quando você passa o tempo todo com alguém, é mais que simplesmente amizade, ela e eu agora somos irmãs. Quando nos conhecemos surgiu uma amizade instantânea, e agora somos mais como irmãs. O amor que existe entre nós é de irmãs. As brigas também. É sempre assim".

Miley não gostava de ter de mentir, mas era forçada para dar ao público a impressão de que tudo ia bem entre elas. Em 2012, ela foi entrevistada pela *The Conversation* e conseguiu contar como se sentia naquela época:

> Eu me sentia treinada para dar entrevistas e parecer "Toda Americana", ou alguma coisa assim. Acabei dizendo sempre as mesmas coisas que dizia quando tinha doze anos de idade.
>
> Tinha que sorrir muito e falar muito a mesma coisa. Finalmente, tive de olhar para dentro e me perguntar: "O que penso realmente sobre isso? Acredito mesmo nisso, ou fui treinada para falar essas coisas? Ou disse a mesma coisa por tantos anos que isso é o que as pessoas esperam que eu diga, e agora repito a mesma coisa para não ter de dizer outra coisa e ser criativa?".

Acho que percebi que minha vida inteira não é um gigantesco comunicado à imprensa. Não tenho de sorrir o tempo todo e ter sempre a resposta perfeita.

A Disney decidiu lançar três álbuns em 2009, além de *Hannah Montana: The Movie*, e Miley tinha uma quantidade absurda de coisas para promover. A terceira temporada de *Hannah Montana* ainda estava no ar, o que a fez promover a série também... muita coisa para uma menina de dezesseis anos.

O primeiro álbum de Miley naquele ano foi uma trilha sonora de *Hannah Montana: The Movie*, lançado em 23 de março de 2009. O álbum chegou ao primeiro lugar das paradas nos EUA, Áustria, Canadá e Nova Zelândia, segundo lugar na Noruega e terceiro no Reino Unido.

Faixas:

1. You'll Always Find Your Way Back Home
2. Let's Get Crazy
3. The Good Life
4. Everything I Want
5. Don't Walk Away
6. Hoedown Throwdown
7. Dream
8. The Climb
9. Butterfly Fly Away
10. Backwards
11. Back to Tennessee
12. Crazier
13. Bless the Broken Road
14. Let's Do This
15. Spotlight
16. Game Over
17. What's Not to Like
18. The Best of Both Worlds: the 2009 Movie Mix

Quatro meses depois, em 2 de julho de 2009, foi lançado o álbum seguinte de Miley, *Hannah Montana 3*. O desempenho nas paradas foi ligeiramente inferior ao anterior, chegando ao segundo lugar nos EUA e Canadá, quarto na Áustria e quinto no Reino Unido.

Faixas:

1. It's All Right Here
2. Let's Do This
3. Mixed Up
4. He Could Be the One
5. Just a Girl
6. I Wanna Know You
7. Supergirl
8. Every Part of Me
9. Ice Cream Freeze (Let's Chill)
10. Don't Wanna Be Torn
11. Let's Get Crazy
12. I Wanna Know You
13. Let's Make This Last 4Ever
14. If We Were a Movie

Miley lançou um EP um mês mais tarde, em 28 de agosto de 2009. O título era *The Time of Our Lives*, e foi inicialmente uma exclusividade Wallmart, antes de ser lançado internacionalmente.

Faixas:

1. Kicking and Screaming
2. Party in the U.S.A.
3. When I Look at You
4. The Time of Our Lives
5. Talk Is Cheap
6. Obsessed
7. Before the Storm

A faixa "The Time of Our Lives" foi escrita por Ke$ha, que estava começando a carreira de compositora. Mais tarde ela se tornaria uma famosa pop star com músicas como "Tik Tok" e "We R Who We R". Ke$ha recebeu quase nada pela autoria da canção, mas não se importou com isso, porque adorava trabalhar com Miley.

Ela confessou à revista *Seventeen*: "Era algo como 1,63 dólar, acho, por uma música que escrevi para Miley Cyrus. Uma quantia vergonhosamente pequena. Mas eu nunca descontei o cheque, está em um quadro de avisos em minha casa".

Miley estava crescendo e seu gosto musical mudando. Ela não gostava só de pop, ouvia todo tipo de música e gostava de artistas que ninguém esperava que gostasse – coisas como Iron Maiden. Quando ela começou a usar uma camiseta do Iron Maiden quando andava por Los Angeles, as pessoas foram muito críticas e disseram que ela só usava a blusa para parecer legal. Mas isso não podia estar mais distante da realidade, e Miley decidiu esclarecer as coisas postando um vídeo caseiro no YouTube.

Nesse vídeo ela disse: "Tenho certeza de que todos vocês me viram por aí usando uma camiseta do Iron Maiden ultimamente, e sei que muita gente está dizendo: "Ah, ela é poser' e 'Ela só usa uma camiseta do Iron Maiden porque quer ser uma estrela do rock'.

"Então, Iron Maiden – 'Run to the Hills', 'Fear of the Dark', 'Running Free', [todas] boas músicas, ouçam. E obrigada, gente. Eu gosto mesmo de Iron Maiden."

Ela também começou a namorar um garoto chamado Justin Gaston. Ele tinha vinte anos, quatro mais que ela, e o relacionamento foi criticado pela imprensa. Os pais de Miley não acreditavam que a diferença de idade fosse um problema; gostavam de Justin e, sendo ele cristão, acreditavam que era uma boa influência para a filha.

Quando eles estavam namorando, Miley contou ao *The Rachel Ray Show*: "Nunca estive mais perto do Senhor como desde que o conheci. Ele me fez ler a Bíblia. Fez com que eu realmente lesse as histórias da Bíblia – não os versos rápidos – e isso não só me ajudou, como me mostrou como ajudar outras pessoas".

Miley não se apaixonou loucamente por Justin logo no início; na verdade, ela passou direto por ele! Foi Billy Ray quem a apresentou a Justin quando estavam no set de *Hannah Montana*. Primeiro eles se tornaram bons amigos, depois ela percebeu como ele era bonitinho.

Quando o casal se separou, depois de um ano juntos, os fãs de Miley se surpreenderam porque eles pareciam felizes, mas Miley explicou que o rompimento era necessário, porque o relacionamento à distância não estava funcionando para eles.

CAPÍTULO SETE

A ÚLTIMA MÚSICA

Nas férias de verão entre as filmagens de *Hannah Montana* e a turnê, Miley filmou *A Última Música* na Austrália. As filmagens começaram em 15 de junho e terminaram em 18 de agosto 2009.

A Última Música é um filme baseado no livro de mesmo nome, o qual fora escrito especialmente para Miley pelo premiado escritor Nicholas Sparks. Ele foi procurado pela produtora Jennifer Gibgot, a qual perguntou se ele tinha um roteiro adequado para mostrar as habilidades artísticas de Miley. Nicholas, naquele momento, não tinha nada adequado a ela, por isso se dedicou à escrita de algo especial e exclusivo, e seis semanas mais tarde ele havia finalizado o livro *A Última Música*.

Nicholas insiste: "O produto pronto definitivamente não é um filme *Hannah Montana*. É uma montagem com um elenco talentoso que vai agradar plateias de todas as idades. Ronnie é uma personagem muito interessante que passa por coisas comuns a muitos adolescentes. Ela é obrigada a realmente crescer e amadurecer ao longo do filme".

Miley acha que tem muitas semelhanças com Ronnie. Ela disse à MTV: "Principalmente o amor pela música. E o que ela aprende mais tarde tem a ver com amor, perdão e segundas chances – sabe como é, na carreira que escolhi tudo isso é muito presente".

"Não há espaço para ressentimentos e amarguras. Ela aprende que tudo tem a ver com amor e as pessoas à sua volta. E acho que é muito bonito como ela passa por essa transição e aprende."

Quando Nicholas se dispôs a escrever o roteiro, ele estava em contato com Miley e pediu a ela um nome para a personagem. O autor devia confiar muito nela para pedir esse tipo de coisa. Miley escolheu o nome Ronnie, uma homenagem ao seu *pappy*, que era chamado de Ron.

Representar a personagem principal em *A Última Música* foi um grande desafio para Miley, pois, além de muito ocupada filmando *Hannah Montana*, ela estava também se dedicando à turnê, e foi quase impossível encaixar o novo trabalho na agenda, mas ela conseguiu. Miley chegou ao set solteira, porque havia terminado recentemente o namoro com Justin Gaston, mas saiu dele profundamente apaixonada por Liam Hemsworth.

Miley, até então, não esperava se apaixonar por um ator e até já havia dito a jornalistas no passado que nunca namoraria um. Sua opinião mudou quando conheceu Liam no set de *A Última Música*, filmado na remota Ilha Tybee em Savannah, Georgia. No começo eles mantiveram o relacionamento em segredo do restante do elenco e da equipe, porque queriam ser profissionais. Mesmo assim, muitos colegas desconfiaram de que estava acontecendo alguma coisa, porque havia uma grande química entre eles. Miley e Liam se conheciam fora das câmeras, e a amizade logo se transformou em algo mais.

Liam nasceu em Melbourne, na Austrália, e é três anos mais velho que Miley. Ele começou a carreira como ator em programas de TV, fazendo Josh Taylor em *Neighbours* e Marcus em *The Elephant Princess*. Tem dois irmãos, Luke e Chris, também atores. Luke é mais conhecido pelo papel de Nathan Tyson em *Neighbours*, e Chris, por ter feito Thor nos filmes da Marvel.

VOCÊ SABIA?

Liam participou da audição para o papel de Thor, mas perdeu para o irmão mais velho, Chris.

Miley e Liam se beijaram pela primeira vez no primeiro dia de filmagem. Eles mal se conheciam para terem uma conversa mais longa, para se beijarem, então, muito menos. Liam contou a Ryan Seacrest: "Chegamos ao set naquele primeiro dia e, originalmente, seria só uma cena em que corríamos na água e nos divertíamos. E na metade da cena, a diretora, Julie Anne, gritou: 'Beijo!' E nós nos beijamos no barco. Foi bom, porque, você sabe, depois do primeiro, tudo fica bem".

Liam tem 1,90m, e foi o namorado mais alto que Miley teve e, ainda, o primeiro não americano. Miley contou à revista *Popstar!* quando eles começaram a namorar: "É muito divertido trabalhar com Liam! A loucura é que ele é um grande astro na Austrália, e apresentá-lo ao nosso lado do mundo foi muito legal! Sei como é isso, porque viajo pelo mundo todo e sou mais conhecida aqui do que em alguns lugares que visitei. Então, entendo perfeitamente como ele se sente!"

Liam disse à mesma revista: "Miley é ótima! Nós nos divertimos muito, ela está sempre feliz e animada, e é um prazer trabalhar com ela. Nós nos damos muito bem e nos tornamos bons amigos durante a filmagem".

VOCÊ SABIA?

Miley se sentiu intimidada com a altura de Liam quando o conheceu e achou que teria de subir em caixotes o tempo todo. Além disso, ela sabia que ele era um grande astro na Austrália, por isso ficou um pouco nervosa ao contracenar com ele no início, mas, depois que começaram, ela percebeu que Liam era só um garoto legal e simples.

A diretora, os produtores e o elenco achavam que Miley fazia um excelente trabalho, mas ela não estava completamente satisfeita e pensou que ainda precisava de aulas de atuação. Antes de terminar as filmagens, ela disse aos repórteres que contrataria um professor de atuação assim que visse o filme. Queria aperfeiçoar sua arte e tornar-se uma grande atriz adulta; ela não queria ser apenas boa, queria ser ótima.

Miley havia decidido gravar "When I Look at You" em seu álbum, mas ela acabou sendo a maior e mais memorável canção do filme. Ela contou o que aconteceu à *MyParkMag*: "Quando percebemos que a música descrevia todo esse filme, chamamos um compositor e pedimos uma peça de piano que eu pudesse tocar. Está no filme, quando Ronnie revela a Will que toca piano. Foi perfeito para aquela cena, porque é uma canção de amor, mas também é sobre Deus, sobre família, sobre amor – é do que trata esse filme".

Tish, além de mãe de Miley, era também a produtora executiva do filme, então, ela tinha muito a fazer no set. Miley e a família têm uma produtora chamada Cyrus' Hope Town Entertainment, que tem um contrato de produção com a Disney. Miley não é a primeira estrela do cinema a ter sua própria produtora, também a têm Taylor Lautner (com o seu pai), Jennifer Aniston e Tom Cruise, pois isso os ajuda a controlar os filmes que fazem.

Miley adorou o tempo que passou em Tybee filmando *A Última Música*. Ela disse à *Harper's Bazaar*: "Eu saía todas as noites com meus amigos. Ia ao karaokê. Dançava. Tudo isso teria sido muito complicado em Los Angeles: Com quem ela está? Por que está dançando? Eu me sentia viva e de verdade. É muito mais fácil saber quem você é quando não tem mil pessoas dizendo o que elas acham que você é. Senti que estava realmente me descobrindo. Normalmente tem alguém cochichando no meu ouvido, mas lá eu estava sozinha".

VOCÊ SABIA?

Quando estavam filmando *A Última Música*, Miley e Liam comiam todas as noites em um restaurante chamado Stingrays, pois adoravam os frutos do mar servidos lá. Miley pedia pernas de caranguejo, porque gostava de quebrá-las, aproveitando o processo para liberar toda agressividade. Ela e Liam também gostavam das pessoas, e Miley até se apresentou lá algumas noites. Liam não, porque não é cantor nem com todo esforço de imaginação.

Miley ficou realmente triste no último dia de filmagem de *A Última Música*. Não queria ter de se despedir de Liam, por isso ficou eufórica quando ele disse que iria passar um tempo em Nashville para ficar com ela.

Billy Ray e Tish ficaram felizes por Miley ter conhecido Liam e achavam que ele era muito bom. Miley disse: "Meu pai está feliz por estar acontecendo alguma coisa em minha vida com alguém normal. Nenhum maluco, isso é bom".

Em *A Última Música,* a mãe de Ronnie é representada pela esposa de John Travolta, Kelly Preston. Kelly e John eram amigos da família Cyrus havia muito tempo, e foi Miley quem a incentivou a aceitar o papel. Ela passava por uma fase terrível depois da morte do filho mais novo, Jett, apenas alguns meses antes, mas depois de conversar com Miley ela decidiu que aquele podia ser o momento certo para voltar a atuar. Kelly contou à revista *People* que aceitou porque "Miley me pediu para fazer o papel de mãe dela. Fiquei muito tocada. Foi o filme perfeito para voltar".

A filha de Kelly, Ella, ficou muito feliz, porque é uma grande fã de Miley e pôde passar um tempo com ela no set. Apesar de as duas famílias terem uma amizade antiga, foi durante a filmagem de *A Última Música* que se tornaram mais próximas.

Ronnie é uma pianista talentosa, e foi cogitada a possibilidade de Miley ter de fazer aulas de piano para poder tocar no filme. Ela havia tocado um pouco no passado, quando era pequena, porque seu *pappy* tinha um piano no chalé de madeira, mas ela nunca teve aulas nem lia partituras; apenas inventava as próprias melodias. Porém, Miley impressionou todo mundo com a rapidez com a qual dominou o instrumento depois de algumas aulas.

"Talvez tenha sido mais fácil por eu já tocar violão. Aprendi não só a tocar uma canção, mas como tocá-la como um músico com treinamento clássico, o jeito de sentar, a aparência quando estava ao piano, a postura, o movimento dos dedos", ela explicou. "É muito mais disciplinado que um simples tocar casual. As experiências de aprendizado são parte do meu trabalho e eu realmente adoro. Muitas pessoas sonham em aprender alguma coisa assim, e eu tenho essa experiência enquanto faço um filme."

VOCÊ SABIA?

Miley teve de nadar com tubarões para uma cena do filme, o que fez com compreensível nervosismo. Os funcionários do Georgia Aquarium disseram a ela que não haviam alimentado os tubarões por alguns dias para garantir que eles chegariam bem perto dela, o que teria provocado pânico em qualquer pessoa. Além de nadar com tubarões, Miley também teve de dominar a habilidade de mergulhar com cilindro de oxigênio, coisa que nunca havia feito antes.

Miley ficou extremamente animada com o lançamento de *A Última Música* porque queria mostrar às pessoas que podia atuar. Os fãs acharam que sua personificação de Ronnie foi brilhante, mas críticos de cinema desdenharam de sua atuação. Pareciam tratá-la com mais rigor do que teriam tratado outras atrizes de sua idade. Felizmente, Miley tem uma ótima família, bons amigos e ótimos fãs para ajudá-la nesses tempos difíceis.

Ela confessou a BBC News:

> Sou uma pessoa muito positiva, super espiritualizada e muito conectada. Se você tem pensamento positivo, leva uma vida positiva. Eu me cerco de positividade. Não olho realmente as críticas, porque sinto um grande orgulho do filme. Não acredito que alguém pode realmente olhar para o filme e dizer que ele não tem uma mensagem, ou que é inútil e que assistir a ele foi perda de tempo.
>
> É como minha música, você não tem de ouvir, e não tem de ver o filme. Não deixe nunca alguém lhe dizer que alguma coisa que você fez não é boa se você sente orgulho dela.

Enquanto promovia o filme, Liam teve de aguentar entrevistadores que não entendiam bem seu sotaque australiano e achavam que seu nome era Leon. Em vez de se aborrecer com isso, ele e Miley decidiram fazer uma piada, e ela o apelidou de Kevin.

VOCÊ SABIA?

Miley não pôde ir à estreia de *A Última Música* no Reino Unido, em abril de 2010, porque não havia voos disponíveis na região na época em razão do fechamento temporário da maioria dos aeroportos europeus, por causa de nuvens de cinzas vulcânicas vindas da Islândia.

VOCÊ SABIA?

O ator de *Transformers*, Josh Duhamel, pode até ser casado com a cantora Fergie, do Black Eyed Peas, mas isso não impediu Miley de atormentá-lo em um voo de Los Angeles para Londres. Ela descobriu que podia mandar mensagens de texto para outros passageiros do voo através de seus assentos, então mandou algumas mensagens atrevidas para Josh. Ela escolheu o programa de rádio de Ryan Seacrest para contar tudo isso: "Eu mandava coisas como 'ei, garanhão!'. Ele não sabia em que assento eu estava, então, eu podia mandar todas aquelas coisas engraçadas [sem ser descoberta]. Ele não respondeu [porque] seria grosseiro".

CAPÍTULO OITO

WONDER WORLD

MILEY LANÇOU "PARTY IN THE USA" EM 11 DE AGOSTO DE 2009 E A MÚSICA SE tornou um grande sucesso. Chegou ao número 2 das paradas nos EUA, número 3 na Nova Zelândia e no Canadá, número 4 no Japão, número 5 na Irlanda, número 6 na França, Austrália e Hungria, e número 11 no Reino Unido.

Inicialmente, ela se sentiu insegura sobre a canção. Ela havia sido escrita para Jessie J, que decidiu não gravá-la por não considerá-la suficientemente "de vanguarda". Mas Miley precisava de mais faixas para seu álbum *The Time of Our Lives,* e concordou em incluir a música depois que o produtor Dr. Luke trabalhou nela.

Miley deve ter ficado chocada com o quanto a música se tornou popular no momento em que foi lançada. Estava no rádio constantemente e os fãs amaram o vídeo inspirado em *Grease*. O sucesso foi uma surpresa para Miley, porque inicialmente ela lançou a música para promover sua linha de roupas para o Walmart.

Embora "Party in the USA" tenha tido um desempenho brilhante, a música não é, talvez, tão especial para Miley quanto para outras pessoas, porque ela não teve nenhuma participação no processo de sua composição. "Party in the USA" foi escrita por Lukasz Gottwald, Claude Kelly e Jessica Cornish. Ela podia cantar sobre Jay-Z na faixa, mas, quando escolheu a canção, aparentemente Miley nunca tinha escutado uma música de Jay-Z.

VOCÊ SABIA?

Miley ficou muito animada por ter uma linha própria de roupas vendida pelo Walmart, até comparecer a uma reunião e ver as roupas que a loja havia decidido incluir em sua linha. O entusiasmo logo se transformou em decepção. Ela desejava que a linha incluísse calças jeggings e jeans skinny, mas no fim não era para ser.

Miley apresentou "Party in the USA" ao vivo pela primeira vez no Teen Choice Awards, em 10 de agosto de 2009. Ela não esperava que a apresentação super animada fosse causar controvérsia, mas, quando dançou se apoiando no cano de um carrinho de sorvete, Miley foi criticada por, segundo a crítica, fazer pole dance diante de adolescentes influenciáveis. Os críticos disseram que sua apresentação foi altamente sugestiva, mas, de fato, foi notadamente inofensiva. Miley usou o cano basicamente como apoio enquanto seus dançarinos empurravam o carrinho pelo palco.

VOCÊ SABIA?

O vídeo de "Party in The Usa" ganhou o prêmio Much Music de Melhor Vídeo Artístico Internacional.

O figurino de Miley na apresentação consistia de um colete, hot pant preta e botas de motoqueiro. Era possível ver um pedacinho da lateral do seu sutiã, mas o figurino era apropriado à idade dela e não muito diferente do que muitas garotas vestiam na plateia e, ainda assim, os críticos não pararam de reclamar.

Antes de subir ao palco, Miley disse a Larry Carroll da MTV: "[Minha] apresentação esta noite é engraçada, mas eu queria que fosse sobre [algo mais]. "Party in the USA" é uma canção americana absoluta, então, esta noite, vou me apresentar literalmente em um estacionamento para trailers. Um estacionamento muito enfeitado".

Para Miley, era importante que a apresentação refletisse suas raízes. Ela explicou: "Para mim é tipo 'Isso serve para representar de onde eu venho'. Estou muito orgulhosa disso... Todas as garotas tentando ser Hollywood e tal com seus grandes óculos, eu afastando todo mundo".

No dia seguinte à apresentação o Newsday.com divulgou que um representante do Canal Disney havia declarado: "O Canal Disney não vai comentar essa apresentação, mas os pais podem ter certeza de que todo o conteúdo apresentado no Canal Disney é apropriado à faixa etária do nosso público, crianças de 6 a 14 anos, e coerente com nossos valores".

Eles também falaram com a psicóloga infantil Wendi Fischer, que achava que Miley mostrava aos fãs que pole dance era aceitável. Ela comentou: "Ela manda uma mensagem de que 'tudo bem fazer isso', e eu não acho que está tudo bem... Miley só tem dezesseis anos. Por que ela está apressando as coisas?"

A maioria dos Smilers achava que a reação da mídia era exagerada e, para eles, Miley não era exageradamente sexual. Queriam elogiar tudo que ela havia feito naquela noite: ganhar seis prêmios era uma tremenda realização. Miley ganhou dois por *Hannah Montana: O Filme*, dois por *Hannah Montana* e dois por seus singles "The Climb" e "Before the Storm". Seu pai também ganhou um prêmio pelo papel de pai de Miley em *Hannah Montana*, e Emily Osment foi premiada pelo papel de sua melhor amiga.

Só algumas semanas depois do Teen Choice Awards Miley começou sua segunda turnê, a Wonder World Tour. Ela estreou em 14 de setembro de 2009 e terminou três meses depois, em 29 de dezembro. Foram 56 dias: 45 na América do Norte e 11 cobrindo Inglaterra e Irlanda.

Nessa turnê Miley se apresentava apenas como ela mesma com a ajuda do irmão Trace e sua banda Metro Station. Os empresários de Miley ficaram nervosos com a participação de Trace por causa das suas tatuagens. Trace explicou ao OrangeCounty.com em fevereiro de 2012: "As pessoas não esperam que eu faça música pop. Mesmo na turnê com Miley, seus empresários e o pessoal da gravadora não queriam a gente [lá]. Não por causa de nossa música, mas por nossa aparência. Isso me incomoda mais que qualquer coisa".

VOCÊ SABIA?

Miley, nas apresentações de "Party in the USA" durante a turnê, subiu em um carrinho de bagagem e não num de sorvete, como na polêmica apresentação.

"Alguns dos artistas de maior sucesso são os mais estranhos – veja Lady Gaga. Fiz shows com ela, e Gaga é incrível. Quando as pessoas me conhecem, pensam que sou um cara do mal, ou alguma coisa assim. Acho que só preciso provar que não dá para julgar um livro pela capa".

Miley estava em turnê na época de seu aniversário, mas teve a noite de folga e os pais a surpreenderam com uma festa temática dos anos 1980 em Nova York. O bolo era enorme: havia quatro camadas e uma minibanda de rock de glacê se apresentando em cima dele. O elenco do musical *Rock of Ages* apareceu e se apresentou para os convidados e para a aniversariante. Mesmo com menos convidados do que na sua festa anterior, de dezesseis anos, Miley se divertiu muito.

VOCÊ SABIA?

Enquanto estava no Reino Unido, Miley recebeu a tarefa especial de abrir o Royal Variety Show de 2009 com uma apresentação de "Party in the USA". Ela estava muito animada antes da grande noite e disse às pessoas que queria ensinar "Hoedown Throwdown!" para Sua Majestade a Rainha.

O show Wonder World era dividido em sete segmentos, cada um com um tema diferente. Miley teve só três semanas para ensaiar antes de pegar a estrada, porque estava ocupada filmando *A Última Música*, então, a pressão foi muito grande. O show foi dirigido por Jamal Sims, que também coreografou muitos números de Miley. Ele contou com a ajuda de mais catorze coreógrafos/diretores que integravam a criativa equipe de Miley, inclusive Octavius Terry e Dondraico Johnson.

VOCÊ SABIA?

Miley gosta de angariar todo dinheiro que pode para caridade, e assim, para cada ingresso vendido ela doou um dólar para o City of Hope National Medical Center, que trata de pessoas com câncer, diabetes e outras doenças graves.

Set list da turnê Wonder World:

1. Breakout
2. Start All Over
3. 7 Things
4. Kicking and Screaming
5. Bottom of the Ocean
6. Fly on the Wall
7. Thriller (Dance interlude)
8. Let's Get Crazy
9. Hoedown Throwdown
10. Boom Boom Pow (Dance interlude)
11. These Four Walls
12. When I Look at You
13. Obsessed
14. Spotlight
15. G.N.O. (Girl's Night Out)
16. I Love Rock 'n' Roll
17. Party in the USA

18. Hovering
19. Simple Song
20. See You Again
21. The Climb

Quando enfrenta tempos difíceis, Miley gosta de escrever músicas. Assim ela pode se expressar, extravasar a tensão e focar a mente. Então, cantar e compor são, para ela, válvulas de escape para as emoções. Nem todas as músicas de Miley foram lançadas; algumas são só músicas pessoais que ela pode tocar sozinha, se quiser.

VOCÊ SABIA?

Miley estava escrevendo um livro chamado *The Diary of Priscilla's Coffeehouse* sobre uma pessoa que ela conheceu em uma cafeteria. Ela nunca teve a intenção de publicar o livro, só queria escrevê-lo para si mesma. E nunca revelou em entrevistas se chegou a terminá-lo.

Quando Miley começou a compor músicas populares, primeiro criava as batidas, depois acrescentava a letra. Suas baladas normalmente saíam de anotações feitas sobre como ela se sentia em um determinado momento. Ela não planejava transformar seus sentimentos em canções, mas, às vezes, simplesmente acontecia desse jeito; ela estava escrevendo e de repente pensava: "Isso daria uma boa música e ajudaria pessoas em situação semelhante".

Miley lançou "7 Things" em 17 de junho de 2008. Foi a primeira música do álbum a ser lançada e se tornou um grande sucesso mundial, chegando entre as dez primeiras posições das paradas nos EUA, Japão, Austrália e Noruega. Quando os fãs a ouviram, muitos pensaram imediatamente que fosse para Nick Jonas, porque ele e Miley haviam rompido recentemente o relacionamento de dois anos.

A revista *Popstar!* perguntou sobre os boatos e a resposta de Miley foi a seguinte: "[Com] '7 Things' eu acho que muita gente pensa, sabe, que é sobre Nick Jonas, e se acham que é, tudo bem, ou pode ser sobre quem quiserem que seja. Mas, acima de tudo, essa canção é sobre quem, hum, eles querem que seja... De maneira geral, é como se a garota da música odiasse o namorado, ou ex-namorado – para mim é um ex-namorado – então eu acho, sabe, tipo, Nick é alguém que foi muito importante na minha vida, mas não tenho ódio dele. É uma boa música e é divertida".

Miley pode ter escrito a música por causa de Nick, mas ele certamente não pensou que fosse para ele quando a ouviu graças à letra, afinal, Nick não acha que fora inseguro e também não pensa que seus amigos não são legais!

> VOCÊ SABIA?
>
> Em 2008, Miley foi indicada pela primeira a um VMA da MTV, para o prêmio de Melhor Artista Revelação por seu single "7 Things". Ela chegou à cerimônia com Taylor Swift e Katy Perry, que também foram indicadas, mas a vencedora foi a banda Tokyo Hotel.

Miley sempre adorou o Natal, então, foi muito difícil para ela estar longe de casa no Natal de 2009 por causa das datas da turnê. Ela adora estar com a família, ganhar presentes, comer comida gostosa e, sendo Miley e a família cristãos devotados, essa é, sem dúvida, uma importante celebração do nascimento de Jesus. É um tempo divertido em que ela pode ser simplesmente quem é e relaxar em casa com a família.

Miley disse a Pete Wentz que o Natal da família Cyrus é "maluco porque temos Trace, que está sempre fora em turnê e volta para a festa, então é sempre como uma novidade, não estamos acostumados a ter um astro do rock em nossa casa... Não sou tão exigente quanto ele e não estou nem perto de me sentir pronta, mas isso é realmente divertido. E gostamos de estar juntos, porque é um tempo de música e Natal. Papai canta [músicas natalinas]".

O Natal de 2009 também foi um tempo de música, embora em um cenário bem diferente, porque ela estava ocupada se apresentando no Reino Unido em dezembro e janeiro. No início, ficou nervosa por não poder comemorar o Natal em casa nos EUA, e ficou preocupada com a comida, que podia ser diferente. Porém, foi um alívio descobrir que as pessoas no Reino Unido também comiam peru.

> VOCÊ SABIA?
> Miley conseguiu visitar muitos países enquanto promovia *Hannah Montana* pelo mundo. Ela tinha em casa um mapa, no qual adicionava adesivos toda vez que visitava um país diferente. Sua maior ambição era visitar tantos países quanto fosse possível, mesmo que só uma vez.

Miley hospedou-se no Soho Hotel na maioria das vezes que esteve em Londres, mas a ideia original era ficar em um apartamento alugado pela equipe para ser sua base europeia. Porém, ela achou o apartamento muito assustador, como explicou à revista *Elle*: "Era aterrorizante. Uma noite minha irmã mais nova – vai parecer loucura o que vou dizer –, mas ela estava no banho e de repente eu a ouvi gritar. Corri ao banheiro e a água havia passado para o quente, mas não estava... Não foi simplesmente que a água esquentou, a torneira mudou de posição sem que ela a houvesse girado, e a água estava escaldante. Minha irmã estava vermelha".

Esse incidente isolado provavelmente não teria feito Miley mudar de endereço, mas quando ela teve a impressão de ter visto um garotinho espiando seu banho soube que não poderia ficar no apartamento nem mais um minuto. Ela revelou: "Na noite seguinte eu estava sentada e talvez seja loucura, mas eu podia jurar que vi aquele garotinho sentado na pia, balançando as pernas".

O apartamento ficava em um prédio histórico, e depois de investigar a história do lugar, Miley chegou à conclusão de que o menino devia ser o filho do antigo proprietário. Ela jurou que nunca mais ficaria lá!

Quando viajava de um país ao outro promovendo *Hannah Montana*, Miley acumulou milhares de milhas aéreas. Ela tentava recuperar horas de sono ou ler um livro nas horas de voo e era muito bom ter um tempo para relaxar, mas estar em um país diferente a cada dia a confundia, porque ela acordava constantemente em lugares novos e desconhecidos.

CAPÍTULO NOVE

CAN'T BE TAMED

MILEY FEZ A SEGUNDA TATUAGEM NO COMEÇO DE 2010, DEPOIS DE ACOMPANHAR o pai a um estúdio de tatuagem. Enquanto Billy Ray se tatuava, ela decidiu tatuar a palavra "LOVE" dentro da orelha direita. A escolha do lugar teve um motivo bem importante, como ela explicou ao *Access Hollywood*: "Tenho 'Love' bem aqui para bloquear a entrada de todas as bobagens que todo mundo joga nos meus ouvidos... Eu não ligo pra elas. Você só deve ouvir as coisas que vêm de pessoas que amam você de verdade".

Em outra entrevista, ao *E! News*, ela disse: "Há muita negatividade no mundo e o que você precisa ouvir, realmente, é só todo o amor. As pessoas tentam me dizer: 'Acabei de ouvir alguém falar isso ou aquilo de você', e só ignoro, porque é irrelevante. Amor é o que faz o mundo girar, e é só nisso que temos de nos focar".

Miley gostava de morar com a família, mas, desde o começo da adolescência, ela sempre quis independência e ansiava pelo momento de ir morar sozinha. Inicialmente, Tish a fez prometer que não sairia de casa antes de completar vinte anos, mas Miley não poderia esperar tanto tempo.

Ela comprou sua primeira casa na primavera de 2010, quando tinha dezessete anos, e a imprensa especulou que o imóvel havia custado 3,4 milhões de dólares. A casa em Toluca Lake, Los Angeles, ficava a dois quarteirões de onde os pais dela moravam, então, Tish não precisava se preocupar muito com Miley. O imóvel tinha quatro quartos, cinco banheiros, piscina e quadra de tênis; havia também um estúdio de gravação e uma casa de hóspedes independente com mais dois dormitórios.

Liam Hemsworth disse, em tom de brincadeira, à revista *People* que a ajudaria a decorar a casa: "Posso levar algumas fotos minhas para pôr nas paredes e ver o que ela acha. Vou autografar uma delas e escrever: 'Querida Miley, tudo de bom na nova casa!'".

Brincadeiras à parte, Miley recebeu ajuda com a decoração da nova casa. Antes de se mudar, ela disse à revista *People*: "Minha casa será linda, porque minha mãe é decoradora de interiores. É como se sua mãe fosse estilista, você estaria sempre linda. Minha mãe é decoradora, então, com certeza, minha casa será perfeita". Miley queria que a casa fosse informal e acolhedora, por isso escolheu sofás baixos e grandes almofadas no chão, de forma que ela pudesse simplesmente relaxar quando as pessoas aparecessem para vê-la. Ela não queria objetos rebuscados ou que pudessem facilmente quebrar; queria que os amigos vissem sua casa como um lugar onde poderiam ir visitá-la sempre que quisessem.

Miley gosta muito de animais, especialmente cachorros. Quando se mudou para LA, ela e a irmã Brandi tentaram abrir uma empresa de *dog-walking* para levar cães para passear, mas não deu certo porque ninguém as contratava. Elas espalharam anúncios em todos os lugares, mas não receberam um único telefonema. Miley gostava de brincar que, se parasse de atuar e cantar, seria *dog walker* profissional.

Quando ela era pequena, a família tinha muitos cachorros. Eles tinham um pastor-alemão chamado Texas T (ou Tex), que era o favorito de Billy Ray e viajava com ele para todos os lugares. Havia também um shih-tzu chamado Loco, que era o favorito de Noah e morava com eles em LA. A família tinha outro pastor-alemão chamado Rosie, que vivia em Nashville, um mestiço de labrador e beagle chamado Fluke, que passava parte do tempo em LA e parte em Nashville, e um shih-tzu preto chamado Juicy. Quando Miley tinha treze anos, ela visitou o Houston Rodeo Show e comprou um yorkshire terrier que chamou de Rodeo (ou Roadie). Um ano depois, ela comprou outro yorkshire terrier chamado Shooter. Quando fez dezesseis anos, ela ganhou um mestiço de maltês e poodle que chamou de Sofie, nome da cachorra que era de seu avô. Não muito tempo depois, ela ganhou Mate, um pastor-alemão branco, e escolheu o nome Mate porque esse era um dos apelidos de Liam (ele fala "mate" o tempo todo!).

Quando fazia *Hannah Montana*, Miley tinha um coelho branco chamado Jack, que morava com ela em LA, sete cavalos que moravam em Nashville (sendo Memphis o seu favorito), três gatos, que também viviam em Nashville, doze pássaros, um burro, um bode chamado Billy e uma lagartixa.

Quando foi morar sozinha, Miley não levou os cachorros porque eles estavam acostumados à casa de Tish e Billy Ray. Ela decidiu adotar outros cães, e incentiva todo mundo que estivesse pensando em ter um cachorro a adotar um animal abandonado, em vez de comprar de um criador.

Para Miley, a personalidade de um cachorro é mais importante que a aparência: ela gosta de cães super afetuosos e gosta de dar longos passeios com eles. Com relação a essa afirmação, vários de seus cachorros são perfeitos. Quando adotou Floyd, em julho de 2011, ela postou no Twitter uma foto com ele nos braços e a mensagem: "Estou tão apaixonada por ele que é ridículo".

VOCÊ SABIA?

Quando os paparazzi fotografam Miley andando por Los Angeles, ela normalmente está indo comprar ração para os cachorros ou caminhar no parque. Miley prefere ficar no sofá com os bebês peludos a ir para a balada.

Em fevereiro de 2012, Miley mencionou no Twitter a compositora e produtora Antonina Armato, que compôs com ela e produziu "7 Things", "See You Again" e "Fly on the Wall" para dizer: "Por que preciso de amigos humanos? Cara, Lila SEMPRE vai me amar e isso é mais do que posso dizer sobre a maioria dos humanos".

Miley foi incentivada a sair da casa dos pais e começar a adotar cachorros por Demi Moore quando elas trabalharam juntas em *LOL*, em 2010/2011. Demi aconselhou Miley a procurar um santuário como ela havia feito antes de ter os filhos, Rumer, Scout LaRue e Tallulah Belle. Miley explicou ao *Viva Press*:

> Foi muito inspirador trabalhar com ela. Uma coisa que ela fez e eu adorei foi quando – alguns anos atrás, quando teve o primeiro filho – foi morar em uma fazenda e passou um tempo longe porque só queria cuidar da família e criar os filhos em algum lugar que não fosse LA, o que mais tarde será uma coisa importante para mim. Não quero ter uma família aqui, criar filhos aqui. Este lugar é assustador. É uma zona de guerra. Ela me contou que foi isso que fez. Então, quando voltei para casa, arrumei um cachorrinho, comprei uma casa para mim, me mudei e só queria ficar lá no meu santuário, fazer dele um lugar de onde não tenho de sair senão para ir ao supermercado, e é isso. Agora tenho quatro cachorros e eu adoro ficar em casa com meus bichinhos. Não quero sair, realmente. Ela me ensinou a ter aquele lugar, aquele lugar que é seu. Onde ninguém pode entrar. É seu espaço. É lindo poder ter um lugar.

VOCÊ SABIA?

Miley adotou seu mongrel branco e castanho, Happy, depois de tê-lo encontrado abandonado do lado de fora de um Walmart. Ela postou no Twitter: "Não entendo como as pessoas podem ser tão cruéis. Por isso demos a ele o nome Happy".

Miley recebeu a grande honra de apresentar parte do Oscar em 7 de março de 2010. Ela apresentou o Oscar de Melhor Canção Original com a estrela de *Mamma Mia!*, Amanda Seyfried. As duas estavam lindas em vestidos longos, mas Miley parecia um pouco nervosa quando anunciou o prêmio. E quem pode culpá-la? Havia 41 milhões de pessoas assistindo à premiação pela TV!

Miley se sentiu privilegiada por gravar um dueto com Bret Michaels da banda Poison. Até porque Tish era uma grande fã da Poison e levou Miley criança para ver um concerto da banda. Miley gravou "Nothing to Lose" com Bret para o álbum *Custom Built*, e ela foi lançada como single em 2 de março de 2010. Quando críticos souberam que eles haviam gravado juntos "Nothing to Lose", decidiram atacar Miley e Bret alegando que a letra era imprópria, porque Miley era uma menina e Bret tinha trinta anos mais que ela.

Os dois cantores ficaram surpresos com a reação desproporcional da crítica. Bret havia composto a canção anos antes sem a intenção de cantá-la em dueto, e a mãe de Miley, Tish, esteve no estúdio com eles durante a gravação. Não foi escândalo algum!

O terceiro álbum de Miley como ela mesma recebeu o título de *Can't Be Tamed* e foi lançado em 18 de junho de 2010. Uma das faixas é uma versão cover de "Every Rose Has Its Thorn" da Poison. *Can't Be Tamed* foi lançado primeiro na Alemanha, Austrália e Polônia antes de ser lançado no Reino Unido e nos EUA, três dias depois, em 21 de junho. Miley se envolveu na composição de todas as letras, mas também recebeu ajuda de alguns grandes compositores.

O álbum chegou ao segundo lugar das paradas na Áustria, no Canadá e na Nova Zelândia, terceiro lugar nos EUA, quarto lugar na Austrália e Alemanha e quinto na Irlanda. Fazem parte deste CD:

1. Liberty Walk
2. Who Owns My Heart
3. Can't Be Tamed
4. Every Rose Has Its Thorn
5. Two More Lonely People
6. Forgiveness and Love
7. Permanent December
8. Stay
9. Scars
10. Take Me Along
11. Robot
12. My Heart Beats for Love

Miley falou com entusiasmo no talk show americano *Live With Regis and Kelly*: "Trabalho com gente muito boa, sabe, gente com quem posso colaborar, para quem posso olhar de igual para igual e cujos conselhos posso pedir, pessoas que têm boas opiniões mas também aceitam quando digo: 'Não, eu sei que é desse jeito que desejo que fique'. Porque, no fim das contas, é meu nome assinando o trabalho".

Miley escreveu a faixa título "Can't Be Tamed" com dois de seus amigos mais próximos e gostou de como a canção refletiu o que sentia depois de sua saída de *Hannah Montana* – ela não podia mais ser domada. Não deixaria mais que tentassem colocá-la em uma caixa e defini-la. Não era mais uma criança da Disney; era uma mulher independente com ideias e aspirações próprias. A mensagem por trás da canção fala de Miley seguindo seu coração para produzir o tipo de música que ela quer fazer, em vez de lançar o que outras pessoas achavam que ela deveria fazer. Através da letra e do vídeo, ela quis mostrar aos fãs que eles devem ser ousados, criativos e destemidos para se expressar. Ela queria ajudá-los a lidar com a pressão que às vezes podem sentir quando tentam corresponder às expectativas dos pais.

O vídeo "Can't Be Tamed" era muito mais sensual que os vídeos anteriores de Miley. Com o amigo e coreógrafo Jamal Sims, ela chegou ao conceito de representar uma criatura rara mantida em cativeiro. Eles explicaram a ideia ao diretor Robert Hales, que já havia trabalhado com Justin Timberlake, Kings of Leon, Britney Spears, Jonas Brothers e muitos outros artistas de ponta. Ele achou que o conceito era ótimo e acrescentou alguns toques pessoais para fazer do vídeo um dos mais memoráveis de 2010.

No vídeo, Miley e seus dançarinos usam lindos figurinos. O espartilho prateado que a própria Miley veste custou incríveis 25 mil dólares e foi feito de metal e penas. Ela teve de devolvê-lo assim que a filmagem terminou, o que foi uma pena, porque ela teria adorado ficar com a peça.

VOCÊ SABIA?

Gravar o vídeo para "Can't Be Tamed" foi um pouco assustador para Miley, porque seu namorado na época, Liam Hemsworth, levou a mãe e o pai para assistir. O único encontro anterior de Miley com os pais de Liam havia sido na Austrália em um período tranquilo, então, deve ter sido uma experiência estranha para todos.

Quando lançou a canção, Miley disse que não queria desrespeitar *Hannah Montana* nunca, porque ela a havia feito quem era hoje, mas que, em muitos aspectos, fazer a série despertara nela a sensação de estar em uma gaiola com as asas cortadas. Ela não podia fazer todas as coisas que queria, porque tinha de proteger a marca Disney.

Essa linha de pensamento se repete na faixa "Robot" do mesmo álbum. A música fala sobre ter sua vida ditada por outras pessoas – seguir ordens de como se comportar, que aparência ter, o que fazer e não fazer – e sobre deixar essa vida para trás para tomar as próprias decisões. Miley quer que as pessoas mostrem sua independência e não se incomodem com o que os outros pensam. Na época, ela disse que pensava que muitas canções nas paradas de sucesso eram sobre "nada" – só sair e encontrar gente – e Miley queria mostrar que a vida é mais do que isso. Ela não é contra esse tipo de canção, mas queria escrever músicas que fossem mais profundas.

Em 21 de junho de 2010, Miley se apresentou em um concerto ao vivo da MTV na House of Blues, em Los Angeles. Era uma chance de mostrar à plateia o quanto ela havia mudado desde o lançamento do primeiro álbum *Hannah Montana*, em 2006. Ela fingiu beijar uma das dançarinas e, ao apresentar a canção "Heart Beats for Love", explicou que a escreveu principalmente para os fãs gays, acrescentando que odeia saber que "tem gente neste mundo que odeia alguém por amar alguém". Quando cantou, Miley fez o sinal da paz, que logo foi imitado pelos Smilers na plateia, que ficaram perplexos com as apresentações de "Can't Be Tamed", "Who Owns My Heart", "Liberty Walk", "Every Rose Has Its Thorn", "Robot" e "Heart Beats for Love".

Ela explicou a Sway Calloway da MTV: "Sou uma pessoa completamente diferente, muito mais confiante. Sempre fui uma pessoa confiante. Estava passando por muita coisa antes... Eu era mais nova. Não me conhecia de verdade, e sempre tem muita gente dizendo quem você deve ou não deve ser, e é disso que trata 'Tamed'. A canção é sobre ser quem você é plenamente e agora sei quem sou".

Liam e Miley se separaram pela primeira vez em agosto de 2010, pouco depois de comemorarem o primeiro ano de namoro.

Miley admitiu para a *Marie Claire,* em 2012: "Liam e eu tínhamos um relacionamento muito bom. Terminei o namoro uma ou duas vezes porque era jovem e imatura e queria fazer coisas que ainda não havia feito. Ele era mais velho, então, era como se já houvesse estudado naquela escola. Em algum momento você percebe que aquelas pessoas com quem convive são seus 'amigos de festa'; em dez anos não vão dar a mínima para você. Então você lembra quem realmente quer ter por perto".

VOCÊ SABIA?

Quando Miley chegou à puberdade e seus seios começaram a se desenvolver e aparecer, ela teve de suportar as pessoas enfaixando seu corpo, para escondê-los e manter a silhueta mais jovem de *Hannah Montana*. As pessoas no comando não queriam que Hannah Montana crescesse depressa como Miley.

O papel seguinte de Miley no cinema foi em *LOL*. As filmagens começaram no verão de 2010, mas o filme só estreou em 1 de junho de 2012, no Reino Unido. Ela fazia o personagem principal, Lola (ou Lol, na forma abreviada), que enfrenta altos e baixos na época do colégio depois de o namorado conhecer outra pessoa. Sua mãe, Anne (papel de Demi Moore), se separou recentemente e faz o que pode para garantir que Lol fique bem. O filme é um remake de uma produção francesa de 2008, com a mesma diretora do original, Lisa Azuelos.

LOL foi filmado principalmente em Chicago, onde a história acontece, mas algumas cenas foram feitas em Detroit e Paris. Lisa Azuelos também escalou o elenco do filme e escolheu atores e atrizes que tocassem seu coração. Ela explicou a AnythingDiz: "É muito injusto, porque uma pessoa entra na sala e sei se ela vai fazer o filme ou não. Em um segundo, é intuitivo. Então, escolho com o coração... Elas entram na sala, eu as amo e convido para fazer o filme. E quando elas dizem 'sim', é ótimo". Ela contou que Miley foi muito profissional e exemplar no set:

> Ela ficou conhecida por ser sempre a primeira a chegar e ficar pronta para filmar... Miley estava no set quando sabia que não precisava estar [em um dia de 15 horas]. Não seria filmada a maior parte do dia, os outros atores estavam em outro lugar porque também não tinham filmagem, mas ela interagia com os figurantes, interagia com o elenco que estava ali para ser filmado, com a equipe, estudava o roteiro etc. Sabia suas falas, dominava o próprio trabalho e levava sua arte muito a sério.
> Adoro Miley. Acima de tudo, ela é muito talentosa... Naturalmente, se está onde está hoje, não é porque teve sorte. É porque ela é pura energia: coração e alegria. Acho que as pessoas a amam por um bom motivo. Ela leva amor às pessoas. E as pessoas realmente a amam em troca. Não sei se tive tanto assim na versão francesa do filme, mas aqui tenho uma química entre Demi e Miley que está absolutamente fora de controle. E eu não criei isso. As duas atuam como se estivessem na mesma frequência desde que Miley nasceu. Miley e Demi não são nada parecidas fisicamente, mas elas têm muito em comum. São como mãe e filha. Tive muita sorte por poder contar com as duas no filme.

Miley vê muitas semelhanças entre ela e sua personagem Lola. Uma delas é que ambas têm mulheres fortes em suas vidas. Ela revelou: "Sempre tive um relacionamento muito bom com minha mãe. Mas é bom quando você também pode ter outra mulher em sua vida com quem pode conversar; alguém que seja como uma figura materna, mas também uma amiga sem expectativas. E você pode dizer o que quiser... Às vezes, em dias que posso estar triste, recebo uma mensagem de Demi, do tipo: 'Sua segunda mãe ama você'. E isso simplesmente muda meu dia".

Miley adora filmar nos meses de verão, porque pode passar o resto do ano em turnê e promovendo sua música. Quando está filmando, ela gosta de ficar no mesmo lugar por vários meses para conhecer o elenco e a equipe, formar uma nova "família cinematográfica". Miley se apega tanto a essas famílias que enfrenta dificuldades quando chega a hora de se separarem e seguirem caminhos diferentes.

Antes de começar a filmar *LOL*, Miley contava os dias ansiosa, porque estava muito animada. Era diferente de tudo que já havia feito antes, e ela queria muito fazer um filme independente, sem relação com um estúdio, pois todos podiam se concentrar em fazer o filme sem as pressões adicionais trazidas pela associação com um grande estúdio.

Miley teve de filmar uma cena de sexo para esse filme com o ator Douglas Booth, que faz Kyle. Ela admitiu que no início ficou nervosa, mas o nervosismo logo passou. Naquele dia havia se esquecido de depilar as pernas, então, ela as depilou rapidamente antes do início da filmagem. Quando perguntaram como ela se preparou para a cena em uma entrevista para o *Sun*, Miley respondeu: "balas de menta, abdominais, spray bronzeador. E exercícios para fazer os seios parecerem maiores, levantá-los".

Douglas achou difícil fazer a cena com Miley, porque ela foi gravada no primeiro dia de filmagem. Ele gostava realmente de Miley, mas acha que são pessoas diferentes. E explicou ao *Telegraph*: "Miley é ótima, está em uma estratosfera completamente diferente da minha e frequenta círculos completamente diferentes".

Miley adorava provocar Douglas durante a filmagem e nas horas de folga. Ela disse a Viva Press:

> Sim. Ele é lindo. E é um dos caras mais legais que já conheci. Realmente divertido. Sempre o chamamos de princesa porque ele é assim; é como em qualquer lugar, como qualquer pessoa com um sotaque, mas ele tem um acento britânico muito elegante. Parece um velho Shakespeare, ou alguma coisa assim. Um dia saímos naqueles jet skis horríveis e ele falou: "Isto não é St. Barts". Para mim, tanto faz. Sou tipo: "Ei, princesa. Está morando em Londres há tempo demais". Ele aparece para uma cena em que vamos sair de barco, e arruma a camisa perfeitamente para dentro da calça, tudo isso. Como pode parecer perfeito? Estamos todos suados e nojentos e caindo, e você aparece aqui com essa cara de modelo perfeito, que você é. Sempre o chamamos de princesa. Era hilário.

O filme levanta algumas questões sobre adolescentes e sexo, e durante uma entrevista com Amanda de Cadenet, Miley não teve medo de discutir o assunto. Ela disse: "Me entristece saber que garotas calculam quanto realmente valem tomando por base quantos favores sexuais podem fazer a alguém. Porque sexo é muito bonito. É o único jeito pelo qual somos criados, e é a única maneira de continuar o mundo".

Ela acha que a mensagem que envolve o filme é: "Lembre sempre que está crescendo e que crescer significa que vai cometer alguns erros. Não se culpe e nem pense nisso como um erro. Pense como uma experiência. É como ter uma pequena cicatriz. É bom. Dá personalidade. Então, quando você ficar mais velho e tiver filhos, vai se lembrar de entender e saberá como se sentia em situações similares".

VOCÊ SABIA?

Quando promovia o filme, Miley conversou com o Viva Press sobre perder a virgindade. Ela disse: "Acho que isso muda você um pouco como pessoa, porque, de certa forma, começa a pensar um pouco que talvez seja isso o que as pessoas querem de você. Começa a sentir as coisas de um jeito diferente como mulher, quando é olhada de maneira diferente e essas coisas. Acho que é uma grande parte do crescimento, porque isso abre uma nova conexão e um novo sofrimento".

Miley e Demi Moore se divertiram muito filmando *LOL*, mas Demi sempre soube que seria assim, porque Miley é muito centrada e fácil de conviver. Ela também gostou de ter a oportunidade de conhecer toda a família Cyrus. Demi contou a MTV: "Miley é uma verdadeira profissional e tem realmente uma família maravilhosa... dá para ver".

Miley fez a terceira tatuagem durante a filmagem de *LOL*, em um estúdio em 8 Mile, Detroit, e foi a primeira que fez sem a autorização da mãe. Ela a escondeu de Tish por dois meses cobrindo o desenho com maquiagem.

A tatuagem é o contorno de um pequeno coração no dedinho da mão direita. Agora é uma tradição da família Cyrus ter um coração tatuado na mão – Billy Ray, Tish, Trace e Brandi têm um. Noah e Braison sem dúvida terão corações tatuados quando tiverem idade para isso.

A tradição começou quando Miley desenhou um coração na mão de Billy Ray enquanto estavam na igreja, em 2008. Billy Ray havia decidido que aquele domingo era "dia da Miley", então, quando ela sugeriu que fossem a um estúdio de tatuagem, ele concordou e decidiu transformar o desenho em uma lembrança permanente. Todas as tatuagens têm alguma coisa diferente: a dele está entre o polegar e o dedo indicador e é preenchida, a de Brandi está na mesma posição, mas é maior, a de Trace foi feita no polegar, e a de Tish está no dedinho e é cor de rosa.

O atraso no lançamento de *LOL* frustrou o diretor, os produtores, Miley e todos os envolvidos na produção. A espera foi causada por vários fatores: embora o filme tenha sido exibido em cinemas selecionados, quando a controvérsia em torno do décimo oitavo aniversário de Miley explodiu, um lançamento maior foi cancelado. Os produtores decidiram que seria necessário editar com urgência uma cena em que a personagem de Miley fumava com os amigos. Eles conseguiram editar a cena de tal forma que não parece que Miley está fumando.

Outro fator que provocou o atraso foi que a companhia que fez o filme não tinha os recursos para promovê-lo tanto quanto seria adequado. Eles trabalhavam no muito maior *The Hunger Games* e precisavam se dedicar a essa produção antes. Na estreia de *The Hunger Games*, Miley conversou com Ben Lyons do *Extra* sobre *LOL*: "É um pequeno filme indie que eu quis fazer porque adorei o roteiro e adorei a diretora, Lisa Azuelos. Foi por isso que aceitei. Estou muito animada com a ideia de as pessoas verem o filme".

Foi uma pena *LOL* não ter tido a publicidade adequada, porque o filme tinha muito potencial. A versão francesa havia sido um grande sucesso, e a versão norte-americana mostrou o talento de Miley para atuar. Ela estreou somente em cento e cinco cinemas nos Estados Unidos, no mesmo fim de semana do lançamento do grande sucesso *The Avengers*. *LOL* não teve a menor chance contra a concorrência e só arrecadou 46.550 dólares durante o fim de semana. Foi um grande fracasso e passou praticamente direto para DVD.

Apesar de não ter causado nenhuma comoção no mundo cinematográfico, Miley ainda se sentia muito feliz por ter feito o filme e postou em seu Twitter para agradecer aos Smilers que haviam ido ao cinema para vê-

-lo. Ela escreveu: "Muito obrigada a todo mundo que foi ver LOL. Adorei fazer o filme e me orgulho dele... Isso é tudo que interessa para mim".

A diretora Lisa Azuelos ficou compreensivelmente desapontada e disse ao *The Los Angeles Times*: "Eu realmente pensei que esse filme poderia ser universal... normalmente, os filmes adolescentes são amenos ou assustadores, ou têm vampiros, mas nunca são realistas. Essa história não é suja e nem é estúpida".

Além de protagonizar *A Última Música* e *LOL*, Miley também teve uma participação especial em *Sex and the City 2*. No filme, Miley faz ela mesma em um tapete vermelho, usando exatamente o mesmo vestido que Samantha (papel de Kim Cattrall). As duas parecem chocadas e embaraçadas, mas, em vez de tentar se esconder, posam juntas para fotos e fazem o melhor possível em uma situação ruim.

Miley pode não ter tido uma grande participação, mas gostou muito do trabalho e de ter tido a oportunidade de conhecer Sarah Jessica Parker, Kim Cattrall, Kristin Davis e Cynthia Nixon.

Elas ficaram igualmente entusiasmadas por terem conhecido Miley. Sarah Jessica Parker disse a MTV: "Sabia que ela é alta? Ela parece um viking. Eu não sabia! É uma linda jovem e muito confiante. Eu não apareço, literalmente, em cena com ela. Estava na cena, mas não aparecemos juntas [na tela]. Mas ela foi adorável, pontual e profissional, muito doce. Trabalhou duas horas, entrou e saiu".

Miley disse a Ryan Seacrest em seu programa da rádio 102,7 KIIS FM: "Foi literalmente o melhor trabalho que já fiz e um sonho que se tornou realidade. Foi muito legal... trabalhar com Kim [Cattrall] foi realmente legal e Sarah Jessica Parker foi tipo a pessoa mais agradável do mundo".

Miley decidiu deixar *Hannah Montana* depois da quarta temporada porque queria uma nova aventura. Trabalhar em *LOL* abriu seus olhos para o que era possível. Ela queria descansar da rotina de trabalhar das 8h30 às 18h todos os dias no set de *Hannah Montana*. Na época, Miley explicou à revista *People*: "Fico um pouco nervosa, porque agora é como se eu não tivesse nada em que me apoiar, mas estou me animando. Acho que vou me livrar de muita pressão. Não estarei mais presa a uma empresa onde decidem: 'Ela canta! Ela atua!'. Posso escolher quando quero fazer música e quando quero fazer filmes. Não vai mais haver esse molde em que eles querem me colocar. Posso ser só o que eu quero ser".

> VOCÊ SABIA?
> A primeira experiência com estreias de Miley foi com *Chicken Little*, em outubro de 2005. Ela queria muito ver o filme, então conseguiu ingressos para ela e a mãe. Porém, se você tentar achar uma foto de Miley nessa estreia, não vai ter muita sorte. Ninguém sabia quem era ela, então, os fotógrafos não se incomodaram em pedir poses no tapete vermelho. Foi uma noite um pouco decepcionante para Miley, porque ela esperava muito mais.

Participar de um programa de tanto sucesso havia representado uma grande pressão para Miley. Havia dias em que ela não queria ir trabalhar, mas não tinha chance, porque a filmagem não podia acontecer sem ela. Miley não gostava da fama que a série trazia ou de como tudo era comercializado; não sentiria falta de ver seu rosto em edredons, lancheiras e incontáveis outros itens da linha *Hannah Montana*. Miley não era mais a menina jovem e ingênua que havia participado de uma audição para a série. Aos dezessete anos ela explicou para a *Parade Magazine*: "Não sou uma boneca, e as pessoas querem me tratar desse jeito. Agora sou mais velha, tenho uma opinião, tenho meu próprio gosto". Ela queria a liberdade de vestir o que quisesse todos os dias, em vez de aceitar o que o departamento de figurino escolhia para ela.

Quando tomou a decisão de desistir de *Hannah Montana*, não foi só o fim da estrada para Miley, mas para outros atores e atrizes que participavam da série. Todos tiveram de pensar no futuro e participar de audições para outros papéis. Billy Ray foi, obviamente, o primeiro membro do elenco a saber. Ele apoiou inteiramente a decisão de Miley e não tentou convencê-la a mudar de ideia. Billy Ray revelou à revista *People* na época: "Tenho de percorrer todo esse caminho com Miley e vê-la crescer, não só de menina a jovem mulher, mas também como atriz. Poder viver tudo isso com os filhos é uma jornada incrível para qualquer pai".

O último álbum de Hannah Montana recebeu o título *Hannah Montana Forever* e foi lançado em 15 de outubro de 2010. Comparado aos anteriores, não foi tão bem recebido, conseguindo chegar somente à posição de número 11 nos EUA, 21 na Irlanda e 38 no Reino Unido.

Lista de Faixas:

1. Gonna Get This
2. Que Sera
3. Ordinary Girl
4. Kiss It Goodbye
5. I'll Always Remember You
6. Need a Little Love
7. Are You Ready
8. Love That Lets Go
9. I'm Still Good
10. Been Here All Along
11. Barefoot Cinderella

Para qualquer ator ou atriz que participa de um programa da Disney há muitas regras e padrões que devem ser seguidos. A Disney é muito preocupada em proteger seu jovem público e quer que seus astros sejam modelos o tempo todo. Miley foi muito boa nisso, mas em novembro de 2010 surgiram fotos on-line que a mostravam bebendo uma cerveja Corona em Madri e, depois, no aniversário de dezoito anos, ela foi fotografada muito próxima do ator Avan Jogia: ela estava reclinada em um sofá e Avan estava praticamente em cima dela, com a imprensa especulando se ele beijava seu pescoço. Miley vestia um revelador top de couro preto e calça de couro, que provocaram mais comentários negativos da imprensa. Ela ficou na festa até às 3 horas, mas para os Smilers não havia escândalo algum nisso. Miley havia tido uma festa de dezoito anos inesquecível.

Miley esperava uma comemoração tranquila e não havia planejado uma festa de dezoito anos. Ela contou a *OK! Magazine* antes do aniversário:

"Espero poder descansar... porque não tenho tido tempo, nem uma semana para relaxar. Então, acho que vou à praia, ou alguma coisa assim. Vou levar uns dez amigos comigo e passar um tempo com as pessoas que nunca consigo ver. Muitos amigos meus trabalham como eu, então, vou garantir um tempo para podermos relaxar".

Os Smilers realmente lamentaram por Miley quando, dias depois de seu aniversário, apareceu um vídeo dela fumando sálvia (uma erva que, embora não seja ilegal e alguns acreditem ter propriedades curativas, também é conhecida como droga alucinógena). O mundo enlouqueceu.

Miley sempre havia afirmado em entrevistas que nunca fumaria por causa do prejuízo que isso causaria a sua voz e garganta, e obviamente havia mudado de ideia e experimentar uma viagem legalizada era um passo além. O vídeo foi publicado pelo TMZ.com e mostrava Miley rindo histericamente e cantando. Ela também se deita e diz que um dos homens que faz parte do grupo é parecido com Liam, embora a pessoa que faz a filmagem diga que não. Ela é incentivada pela amiga a fumar novamente.

Billy Ray ficou chocado quando viu o vídeo on-line e postou no Twitter: "Desculpa, pessoal. Eu nem imaginava. Acabei de ver pela primeira vez. Estou muito triste. Tem muita coisa agora que está além do meu controle".

Miley admitiu em uma entrevista para a *Marie Claire* um ano após o incidente que nunca devia ter fumado a tal *erva*. Ela explicou que, embora outros adolescentes experimentem drogas legais, ela não deveria ter feito isso, porque "eles" não são Miley Cyrus. Não são exemplos. "Então, para mim, foi uma decisão ruim, por causa dos meus fãs e das coisas que represento."

"Não sou perfeita... cometi um erro... Estou desapontada comigo por ter desapontado meus fãs."

Na época, Miley contou à revista *Prestige* que acha que algumas pessoas a consideram um exemplo de comportamento por ela ser tão autêntica. Ela disse: "Se eles [adolescentes da mesma idade] dizem que não experimentaram isso ou aquilo, estão mentindo. E eu nunca vou fazer isso, porque, pessoalmente, não posso, porque vai ter uma prova na internet. É estranho... dois extremos. Não sou nenhuma louca que mergulhou nas drogas, porque, definitivamente, não é isso. Eu só tento ser verdadeira sempre. Todo adolescente de dezoito anos experimenta sua sexualidade e outras coisas. Você tem de ser verdadeiro com você mesmo".

E acrescentou: "A percepção [pública] da minha vida é muito diferente de quem eu realmente sou. Meu pai é americano nativo, por isso passei noventa por cento do meu tempo ao ar livre, em trilhas. Esse é meu estilo de vida agora. A imprensa parece pensar que estou tentando fazer essa grande mudança e virar uma doida, mas eu só quero me conectar mais à Terra, a mim mesma, descobrir quem eu sou, tentar entender um pouco mais o mundo.

O episódio final de *Hannah Montana* foi ao ar em 16 de janeiro de 2011, poucos meses depois do escândalo com a sélvia.

Quando todo o drama perdeu um pouco a intensidade, Miley fez a quarta tatuagem, uma cruz na parte de baixo do dedo anelar para simbolizar seu amor por Jesus. Mas ela não foi o primeiro membro de sua família a expressar a fé dessa maneira. Trace e Brandi também têm tatuagens religiosas. A cruz significa muito para ela e, quando a vê, Miley lembra tudo que Jesus fez por ela.

Ela também tatuou uma linha fina no dedo médio, mas nunca revelou seu significado. Alguns meses mais tarde, ela transformou a linha em um símbolo da paz.

Quando Miley compareceu à estreia do documentário de Justin Bieber, *Never Say Never*, em 9 de fevereiro de 2011, em Los Angeles, não conseguiu se furtar a dar a ele um conselho. Ela explicou à revista *Elle*: "Percebi que ele estava tirando todas aquelas fotos e fazendo toda aquela m****, e então o puxei e disse: 'Tire uma foto deste momento com sua memória para nunca esquecer'".

"Não me lembro da estreia do filme *Hannah Montana* e o filme 3D superou tudo na bilheteria. Não me lembro de ter estado lá. Tudo que me lembro daquela noite é que parei para comprar um milk-shake de morango antes do evento. Só isso. É maluco. Você acha que está no presente, mas não está."

Miley fez a sexta tatuagem durante uma viagem à Venezuela, em fevereiro de 2011 – um grande apanhador de sonhos em estilo nativo americano do lado direito do corpo. O apanhador de sonhos tem quatro penas, por isso surgiu um boato de que elas representavam Trace, Brandi, Braison e Noah, e o desejo de Miley de mantê-los seguros de todo mal.

VOCÊ SABIA?

Trace tem um apanhador de sonhos tatuado no pescoço.

Quando Miley deixou *Hannah Montana* para trás, não conseguiu decidir o que fazer em seguida. Ela pensou em ir para a faculdade e pesquisou cursos na Universidade de Nova York e em Savannah, Georgia, antes de decidir que não eram para ela. Miley havia pensado que a mudança para Nova York poderia permitir que levasse uma vida normal por um tempo, coisa que as atrizes infantis/adolescentes Mary-Kate e Ashley Olsen conseguiram depois de se mudarem para a cidade para estudar moda. Fazer um curso de fotografia era algo que interessava Miley, como ela explicou à revista *Rolling Stone*: "Adoro fotografia. Tenho uma Canon 5D. Quero co-dirigir alguma coisa em breve. Quando eles dizem: 'Mude essa lente para esse milímetro', quero saber do que estão falando".

Miley não estava preparada para a vida normal, mas não sabia se preferia cantar ou atuar, por isso jurou continuar com as duas coisas. Ela também decidiu que não queria ser estereotipada e quis experimentar diferentes tipos de papéis. Na época, ela explicou ao *Telegraph*: "Sou meio bipolar nas minhas escolhas, porque quero fazer um pouco de tudo. Um dia digo a minha mãe, sabe, quero fazer um filme de ação e depois quero comédia, e depois quero todos os tipos de coisas diferentes. Fico um pouco entediada, então, espero ter uma chance de fazer um pouco de tudo".

Ela morava em sua casa própria havia um ano, mas queria mudar, por isso comprou a segunda casa, dessa vez um pouco mais longe dos pais. A casa de 4 milhões de dólares ficava em Studio City e tinha cinco quartos, sete banheiros, uma academia de ginástica, uma piscina e spa. Em vez de vender a primeira casa, decidiu deixar os pais morarem lá. Porém, depois de um tempo, Miley decidiu que não gostava de morar na nova casa, então, quando os pais decidiram comprar uma vila duas portas abaixo de sua antiga casa, Miley resolveu que ela e Liam deviam voltar para a primeira casa. No início, ela achou estranho dormir no antigo quarto dos pais, mas logo se acostumou com isso. Sempre que Liam estava fora e ela se sentia sozinha, podia atravessar o gramado vizinho e passar algumas noites junto de seus pais.

VOCÊ SABIA?

Miley deu conselhos a jovens atrizes em uma sessão de perguntas e respostas com fãs no *USA Today* . Ela disse: "Comece a fazer aulas de canto, de teatro, de dança. Enquanto for jovem, cuide do treinamento, para quando for um pouco mais velha poder começar a participar de audições e ter uma vantagem sobre a concorrência. Vá em frente, mas não tenha pressa e estude".

CAPÍTULO DEZ

ENCONTRANDO MILEY

Em vez de se apressar para lançar uma música nova, Miley decidiu dedicar um tempo para se autodefinir longe de Hannah Montana. Ela explicou para a revista *We Love Popular*: "Em vez de começar um trabalho novo, eu disse: 'Quer saber? Vou comprar uma casa e vou fazer o que quiser nela e ser quem eu tiver de ser nos próximos dois anos'. Para mim, foi como começar do zero de novo, mas sem o estresse, não preciso conquistar um número X de fãs, nem ganhar uma quantia X, nem me estressar. Tenho fãs e as pessoas vão ficar de olho, então...".

Durante esse tempo longe dos holofotes, Billy Ray ficou preocupado com Miley, pois ela não vivia mais na casa dele, de forma que não a podia proteger mais. Ele disse à revista *GQ*, em fevereiro de 2011: "Temo por ela. Há muitas pessoas perto dela colocando-a em grande perigo. Sei que ela tem dezoito anos, mas ainda acho que, por ser pai dela, posso tentar ajudar... pelo menos a livrá-la do perigo. Quero protegê-la do pior. Interromper essa loucura um pouco".

Na época da entrevista, Billy Ray estava vivendo longe da família, pois havia voltado para o Tennessee, em agosto de 2010, depois de se divorciar de Tish. Para ele, as filmagens da temporada final de *Hannah Montanha* foram traumáticas, pois sua vida em casa estava longe do ideal. Além disso, ele havia decidido não ir à festa de dezoito anos de sua filha em dezembro, porque ela aconteceu em um bar e ele sabia que a imprensa enfatizaria que bares são lugares para maiores de vinte e um anos. Billy acreditava que se estivesse presente, a mídia diria que ele havia aprovado a festa num lugar não permitido. Estava cansado de ser criticado pelas decisões das pessoas próximas a Miley, que gostavam de esconder as coisas dele e que pensava que "talvez estivessem mais interessados no dinheiro dela do que em protegê-la ou cuidar de sua careira". Ele admitiu à *GQ* que gostaria que ela não tivesse conseguido o papel de Hannah Montana, pois culpa o programa pela destruição de sua família.

Quando Miley leu a entrevista, ficou chateada e passou um tempo sem conversar com o pai. Billy Ray deu uma declaração à revista *People* na qual pedia desculpas por alguns dos comentários explosivos feitos enquanto conversava com o jornalista Chris Heath, da revista *GQ*. Ele lutaria para resolver os problemas com a família e em uma entrevista no programa *The View TV*, em março de 2011, revelou que Tish e ele não mais se divorciariam: "Acho que pela primeira vez, eu e minha família toda estamos de fato nos comunicando. As coisas estão melhores do que nunca. Amo a Hannah Montana. Amo a Disney. Eles não destruíram minha família. Mas a fama é uma outra história, é preciso ter cuidado com ela".

Ao falar sobre a entrevista para a *GQ*, ele disse: "Eu aprendi uma coisa: dar entrevista quando estamos irritados e assustados é muito parecido com ir ao mercado quando estamos com fome. Não é uma boa ideia". A entrevista ocorrera duas semanas antes do Natal, num período em que ele não estava bem.

Em 2011, Miley embarcou em sua terceira turnê. A Gypsy Heart Tour teve início no dia 29 de abril de 2011 e terminou em 2 de julho de 2011. Ela e sua equipe decidiram não se apresentar nos Estados Unidos, então, foram para a Austrália, América do Sul e Ásia. Miley decidiu aumentar sua coleção de tatuagens em sua passagem pelo Brasil. O tatuador Fabio Satori, após o telefonema de um amigo solicitando sua ida ao hotel onde Miley estava hospedada, foi até lá, acreditando que tatuaria membros da equipe. Ele explicou ao site brasileiro *EGO*: "Foi divertido, foi uma surpresa de domingo. Uma amiga minha trabalha na produção da Miley e me ligou dizendo que a equipe queria tatuar. Mais tarde me avisaram que Miley também queria e que por conta disso eu precisaria ir ao hotel já que o deslocamento dela é sempre complicado".

> VOCÊ SABIA?
>
> A mídia especulou que Miley e Liam Hemsworth tinham voltado a namorar em março de 2011, quando foram vistos juntos de novo, mas nenhuma declaração oficial foi dada à época. Os fãs de Miley ficaram animados quando ela e Liam atravessaram o tapete vermelho juntos no CNN Heroes: An All-Star Tribute, em Los Angeles, em 11 de dezembro de 2011. Eles estavam namorando de novo, oficialmente!

Enquanto estava sendo tatuada, Miley cantou para Fabio, o que fez com que ele se sentisse muito privilegiado. Ela também havia falado a Tish por que estava fazendo aquela tatuagem. Fabio explicou: "Miley disse para a mãe que queria algo que remetesse a um porto seguro, algo que a lembrasse que ela sempre tem um lugar seguro para voltar. O significado do desenho é de esperança e um lembrete de ter sempre os pés no chão".

Um pouco antes de partir para a Austrália para a continuação da turnê, Miley deixou no ar, ao participar do programa de rádio *Kyle and Jackie O*, que havia reatado o relacionamento com Liam. Ela disse: "Não quero descartar os rapazes australianos, mas pode ser que eu esteja solteira, ou não... Mas é claro que amo os meninos australianos. Liam e eu estamos muito próximos, não vou comentar muito, mas vocês não precisam se preocupar com isso... Com certeza não vou para a Austrália solteira".

Na época, Miley era contra o Twitter e disse aos apresentadores da rádio australiana: "Não uso Twitter, não uso nenhuma rede social, procuro ficar fora dessas coisas... para mim, eu já reclamo o bastante porque as pessoas sabem coisas demais a respeito de minha vida privada, por isso, me expor e me explorar seria tolice e hipocrisia em relação a tudo que defendo".

Liam visitou Miley enquanto ela estava na América Latina, mas a princípio, a imprensa acreditou que ele não poderia vê-la nos dias de shows na Austrália por estar filmando *Jogos Vorazes* na Carolina do Norte. A família de Miley estava feliz por saber que os dois tinham voltado, e Trace disse à *Us Weekly*: "Somos muito amigos... Apoio minha irmã em tudo o que ela fizer". Billy Ray disse ao *E!*: "Ele é um ótimo rapaz... É sério. Tem uma personalidade muito boa".

Billy Ray estava animado por Liam porque sabia que *Jogos Vorazes* faria muito sucesso e que, interpretando Gale Hawthorne, Liam mostraria ao mundo seu talento como ator. Ele disse ao repórter Marc Malkin, do *E!*: "Você leu o roteiro? É de matar, e Liam vai arrasar. Ele é extremamente talentoso".

Nem Liam nem Miley disseram muita coisa à imprensa quando voltaram a namorar porque queriam privacidade. Quando a revista *Seventeen* perguntou a Liam se eles tinham reatado, ele respondeu: "Quem sabe? Pode ser que sim. O mais importante é que sabemos como nos sentimos e o que está rolando. É meio complicado quando o resto do mundo se envolve nesse assunto".

Mas ele compartilhou na entrevista o que faz quando tem problemas de relacionamento, dizendo: "Gosto de colocar tudo em pratos limpos. Gosto quando as pessoas fazem isso também — ninguém chega a lugar nenhum se deixa tudo guardado. É preciso conversar sobre o assunto".

Liam conseguiu viajar para apoiar Miley durante um intervalo nas filmagens e os pais dele, Craig e Leonie, assistiram ao show dela, em Melbourne, na primeira fileira. Eles queriam mostrar o quanto a amavam e a apoiavam. Quando Miley soube que eles estariam ali, sentiu-se nervosa por causa da roupa sexy que usava na música "Can't Be Tamed". Naquela época, apresentar-se para pessoas que conhecia a deixava com vergonha, mas mesmo assim ficou animada por estar se apresentando de novo e, claro, também por reencontrar seus dedicados fãs, que esgotaram os ingressos dos shows da turnê. Ela disse à *BBC*: "Um dos dias está com ingressos esgotados — 60 mil —, e foi uma coisa maluca, foram vendidos em uma hora, então os fãs estão realmente prontos".

Antes da apresentação, Miley estava apreensiva, mas seus fãs enviaram tantas mensagens de incentivo que ela se sentiu melhor para entrar no palco. Recebeu mensagens até dos Estados Unidos, de fãs que adorariam vê-la se apresentar na Gypsy Heart Tour, mas o país não tinha sido incluído na turnê. A equipe de Miley decidiu que seria melhor se a turnê passasse apenas pela Austrália, América do Sul e Ásia, porque a popularidade dela nos Estados Unidos havia caído depois da controvérsia envolvendo seu aniversário de dezoito anos. Ela própria explicou à *AP*: "Acho que, no momento, os Estados Unidos estão de um jeito que não me deixa saber se eles querem minha turnê ou não. Neste momento, quero ir para os lugares de onde mais tenho recebido amor e a Austrália e a América do Sul têm me dado isso. [Estou] pensando em ir para os lugares onde mais me querem. Não quero ir a nenhum lugar onde eu não me sinta totalmente à vontade".

Set List da turnê The Gypsy Heart:

1. Liberty Walk
2. Party in the USA
3. Kicking and Screaming
4. Robot
5. I Love Rock 'n' Roll/Cherry Bomb/Bad Reputation
6. Every Rose Has Its Thorn
7. Obsessed
8. Forgiveness and Love
9. Fly on the Wall
10. 7 Things
11. Scars
12. Smells Like Teen Spirit
13. Stay
14. Can't Be Tamed
15. Landslide

16. Take Me Along
17. The Driveway
18. The Climb
Bis
19. See You Again
20. My Heart Beats for Love
21. Who Owns My Heart

Para essa turnê, Miley quis chacoalhar um pouco as coisas e decidiu fazer *covers* pelos quais as pessoas não esperavam, por isso escolheu músicas que ela e seu irmão Trace gostavam de interpretar quando tocavam na garagem da casa da mãe. Ela é muito fã de Joan Lett, por isso decidiu fazer um *medley* de "I Love Rock 'n' Roll", "Cherry Bomb" e "Bad Reputation". Em abril de 2011, sentiu-se honrada por apresentar um dueto com Joan no programa de Oprah Winfrey. Ela revelou: "É incrível... No teste para meu programa [*Hannah Montana*], eu cantei "I Love Rock'n'Roll", e o primeiro álbum que gravei tinha essa mesma música. Então, é algo que sempre teve importância para mim. Ver Joan representar garotas que querem tocar guitarra é algo que sempre me inspirou, e me sinto feliz por poder estar aqui com ela".

Apresentar um show todo como ela mesma sem precisar dividir-se entre si e Hannah não foi difícil para Miley, porque este sempre foi seu sonho. Ela acrescentou: "Todo mundo gosta de tornar essa transição muito difícil... Joan disse: 'Você precisa fazer o que disse, e precisa ser honesta'. Não tem a ver com forçar as coisas para as pessoas acreditarem que não sou mais Hannah Montana. Faço a música que amo, e, como estou crescendo, minha música também está. Não preciso afirmar nada".

Outro cover que Miley decidiu fazer foi de "Landslide", de Fleetwood Mac. Ela é muito fã de Stevie Nick. A turnê Gypsy Heart serviu para mostrar sua voz incrível, não tinha o objetivo de mostrar quantos figurinos ela conseguia usar. Ela contou ao *Malaya.com.ph*: "A Gypsy Heart Tour é um sonho realizado. Não apenas por causa de todas as belas cidades que poderei visitar, mas também por todas as pessoas lindas que conhecerei... Gypsy Heart não é só uma turnê para mim, mas uma missão para espalhar o amor".

VOCÊ SABIA?

Miley também adora a banda Nirvana e sua música preferida do grupo é "Heart Shaped Box".

No fim de sua turnê, a revista *Prestige* perguntou se ela sentia saudade de Hannah Montana. Ela respondeu:

> "Não [risos]. Sinto do clima de família, mas não sinto saudade da rotina, nem um pouco. Eu me sentia muito entediada por fazer a mesma coisa todos os dias. É muito mais fácil não ter um programa, viver um pouco a minha vida e fazer algumas das outras coisas que quero fazer. Não preciso voltar em uma determinada data. Não preciso me preocupar com os compromissos de gravação nem com o que os produtores vão pensar. Me sinto grata por ter podido fazer aquele programa, mas até mesmo para a minha irmã pequena, de onze anos, que quer interpretar, eu digo: 'Espere, menina'. Porque o jeito que as coisas serão quando ela tiver minha idade e o jeito que são agora são muito diferentes. Não se coloque em uma situação na qual as pessoas a vejam apenas como uma coisa. Você vai mudar muito. Vai mudar todos os anos. Isso vai interferir no seu desenvolvimento se você não for forte e se não tiver certeza do que quer ser. Fico feliz por não ser mais uma personagem e por poder ser eu mesma.

Em julho de 2011, Miley decidiu fazer mais duas tatuagens na mão. Dessa vez, quis marcar a palavra "karma" no dedo indicador. Seria sua primeira tatuagem inspirada na Índia. Ela também tatuou um sinal de "igual" no dedo anelar. Depois, ela postou no Twitter uma foto da tatuagem com a mensagem: "TODO AMOR é igual". Miley é uma grande defensora do casamento entre homossexuais e quis mostrar ao mundo que acredita que esse tipo de união deveria ser legalizado.

Em um dos posts em seu blog, ela escreveu como se sente. Disse: "Imagine encontrar alguém a quem você ama mais do que tudo no mundo, por quem você arriscaria sua vida, mas com quem não pudesse se casar. E não pudesse viver aquele dia especial, como seus amigos. Aquela coisa de usar uma aliança no dedo com o mesmo sentido que tem para todo mundo. Apenas coloque-se no lugar dessa pessoa. Eu me sinto mal só de pensar".

Ela terminou o post dizendo: "Todos devemos ser tolerantes uns com os outros e aceitar as diferenças. Meu pai, que é um cara de caráter, mora na fazenda, é sulista e heterossexual. Ele adora meus amigos gays e é a favor do casamento entre pessoas do mesmo sexo. Se meu pai consegue pensar assim, qualquer pessoa consegue. Vivemos nos Estados Unidos, a nação dos sonhos. Sentimos muito orgulho disso, mas, ainda assim, certas pessoas são excluídas. Não está certo".

Em uma entrevista para a *Bang Showbiz*, ela confessou:

> O lugar onde mais gosto de me apresentar é em Londres, porque nunca vi mais gays juntos na vida... Quando vou para Londres, é sempre assim. Sinto que eles são muito mais receptivos, muito mais do que aqui nos Estados Unidos, onde eles se sentem presos, onde as coisas são meio assim: 'Posso dizer que sou a favor do casamento de homossexuais? Posso dizer que meus fãs preferidos são meus fãs gays?'. Posso dizer isso, já que metade dos Estados Unidos ainda é contra isso? Quando vou para a Europa, eu me sinto muito livre com meus fãs.

Miley fez mais tatuagens naquele verão: ela e Liam decidiram fazer caveiras mexicanas iguais no tornozelo, as quais costumam estar associadas com o feriado mexicano do Dia dos Mortos. Ela fez uma segunda tatuagem, "OM" no pulso esquerdo, inspirada na Índia.

Em outubro de 2011, Miley decidiu visitar o Haiti para ajudar a Starkey Hearing Foundation a distribuir equipamentos auditivos para mais de quatrocentas pessoas surdas. Estava determinada a fazer sua parte, não por precisar de publicidade, mas por se compadecer dos carentes.

Para Miley, o foco da viagem era ajudar pessoas, por isso ela não se importou com a aparência... não se preocupou muito com maquiagem e deixou os cabelos presos em um coque feito de qualquer jeito, afinal, ela queria se misturar às outras pessoas que ali estavam trabalhando como voluntárias. Anteriormente, no começo daquele ano, Miley já tinha ido ao Haiti para ajudar a fundação e considerou a experiência muito emocionante. Ela disse a seus fãs: "Essa segunda missão no Haiti foi tão impactante para mim quanto a primeira. Eu cresci com música e não consigo imaginar como seria para mim e para meus irmãos se não pudéssemos ouvir a magia da música, que teve uma influência tão grande na minha vida que eu quero que todo mundo aproveite o som como deveria aproveitar!".

Durante a viagem, ela se aproximou de muitas crianças e ganhou um amigo especial, um garotinho chamado Emanuel. Ele adorava fazer carinho nela e Miley acabou postando uma foto no Twitter: "Esse é um menininho chamado Emanuel ☺ Demos a ele um aparelho auditivo... Nunca vi um sorriso assim! Estou louca para voltar".

> VOCÊ SABIA?
>
> Depois do terrível terremoto em janeiro de 2010, Miley quis fazer algo para ajudar as pessoas do Haiti. Ela decidiu participar de dois *singles* para caridade: "We are the World 25 for Haiti" com outros astros da música dos anos 1980, e "Everybody Hurts", com artistas ingleses, em sua maioria. Os dois *singles* foram logo para o topo das paradas e levantaram muito dinheiro. Miley também organizou um leilão on-line no eBay para tentar arrecadar ainda mais dinheiro. Leiloou o vestido que usou no Grammy e dois ingressos para a estreia de seu filme, *A Última Música*, e também conseguiu envolver outros artistas. Britney Spears doou o vestido que usou no prêmio MTV Video Music Awards, de 2008, e Nicole Richie deu algumas joias. Muitas celebridades quiseram ajudar.

Miley terminou a segunda viagem ao Haiti feliz por ter feito um pouco para ajudar os menos favorecidos, mas, além de receber muitos tweets de incentivo de seus Smilers, ela recebeu tweets negativos, nos quais internautas criticavam seu corpo e chamavam-na de gorda, deixando-a bastante irritada.

Em resposta, ela postou uma foto de uma mulher sofrendo de anorexia com a mensagem: "Ao chamarem garotas como eu de gorda, vocês estão fazendo isso com outras pessoas. Eu ME amo e, se vocês pudessem dizer a mesma coisa, não estariam na frente do computador tentando machucar os outros".

Demi Lovato viu o tweet de Miley e decidiu mandar a ela um pouco de carinho, e postou o seguinte tweet: "Quem chamou você disso não perde por esperar. Estou morrendo de saudade".

Miley respondeu: "@ddlovato AMÉM! Acabo com qualquer um que disser isso de você. Você tem o corpo mais LIIINDO e cheio de curvas. ADORO! #curvas". Miley queria passar a mensagem de que uma garota deve amar seu corpo, e escreveu: "Eu não quero ter o corpo de uma menina, eu AMO ter o corpo de uma MULHER, e podem ter certeza, meninas, seu namorado também não vai se importar ;)".

Miley sempre teve de aguentar críticas à sua aparência, mas depois de sua participação no prêmio Heroes 2011, da CNN, a imprensa logo disse que ela provavelmente havia colocado silicone nos seios, por conta de seu decote avantajado. A revista *Star* até chamou três "especialistas" para verem fotos de Miley no tapete vermelho com seu vestido amarelo Roberto Cavalli e as comparou com fotos da estrela em outros eventos. O cirurgião plástico Dr. Tahl Humes, do Vitahl Medical Aesthetics, no Colorado, disse à revista: "Os seios dela são muito bonitos e redondos, e parece que ela passou por um procedimento... Se observamos o volume, parece que ela colocou implante de silicone".

O Dr. Michael Niccole, do CosmeticCare, concordou: "Parece que Miley passou, recentemente, por uma cirurgia para colocar silicone. Os sutiãs para levantar os seios são ótimos para criar um decote, mas não ajudam muito para dar uma aparência de volume exterior, que também é o que eu noto nessas fotos".

Por fim, o cirurgião plástico Dr. Brian Glatt comentou: "Nem mesmo um grande ganho de peso faria com que os seios ficassem tão grandes sem implantes!".

Os "especialistas" podem ter concordado que Miley colocou implante, mas ela não os havia colocado. Ela postou no Twitter: "Obrigada pelo elogio, mas essas belezinhas são todas minhas. Gostaria que as pessoas se dessem conta de que não precisamos ser falsos para sermos bonitos!".

Os amigos de Miley queriam que ela tivesse um aniversário de dezenove anos muito especial, por isso Kelly Osbourne decidiu fazer a melhor festa de todos os tempos. Apesar de ser oito anos mais velha do que Miley, as duas estrelas tinham se tornado grandes amigas durante as filmagens do filme *A Super Agente*. Kelly queria que a festa fosse muito divertida e queria que Miley pudesse relaxar; a lista de convidados foi muito seletiva, de modo que apenas pessoas em quem ela confiava 100% foram convidadas.

A festa aconteceu no clube Beacher's Madhouse, no hotel Hollywood Roosevelt. Havia muitos artistas, pessoas fantasiadas e coisas malucas acontecendo o tempo todo.

Mais tarde, Miley postou no Twitter: "Nunca vou conseguir agradecer à @MissKellyO pela melhor festa da minha vidaaaaa! =]]]] eu amoooo você! Vou dizer apenas que vi um unicórnio no lobby!".

VOCÊ SABIA?

Miley estava se sentindo muito mal naquela noite, por isso só saiu do quarto do hotel às duas da madrugada, mas conseguiu curtir algumas horas. Ela pediu desculpas aos convidados, mas, apesar da preocupação, os convidados não se incomodaram.

Apesar de Kelly Osbourne só ter convidado amigos íntimos de Miley, ainda assim ela foi traída, porque um vídeo feito naquela noite apareceu on-line. De brincadeira, ela ganhou um bolo de Bob Marley. Ela disse ao recebê-lo: "Obrigada por esperarem três horas... e pela festa. [Apontando para o bolo]. Isso é incrível. Você sabe que está bem doida quando seus amigos lhe dão um bolo do Bob Marley. Assim, você sabe que anda fumando maconha demais, p****!".

Os representantes de Miley se pronunciaram dizendo: "Tudo foi tirado de contexto. O bolo foi uma piada e a resposta de Miley era para ser sarcástica".

Kelly ficou irritada pelo modo como as coisas foram apresentadas pela imprensa, e postou no Twitter: "Vou deixar bem claro: depois do lance da @MileyCyrus com o incidente da sálvia, começamos a chamá-la de bob miley por BRINCADEIRA!".

"Fico enojada por saber que as pessoas que se dizem 'amigas' da @MileyCyrus podem fazer isso com ela e fazer as pessoas acreditarem que ela é alguém que não é!"

Depois que Kelly postou os tweets em apoio a Miley, ela foi muito ofendida. Quando Miley descobriu o que estava acontecendo, sentiu que precisava intervir para ajudar. Escreveu:

"Por favor, parem de bombardear meus amigos com tweets cheios de comentários grosseiros. NADA lhes dá o direito de ameaçar as pessoas. Adoro você @MissKellyO :)".

Liam também ficou furioso e disse à *HollyScoop*: "Ela está em uma sala cheia de grandes amigos e uma pessoa entra ali e faz vídeos... A coitada da garota não consegue ter uma noite na qual se sinta segura. É ridículo". Ele também disse: "Ela é uma garota feliz e engraçada... ela me faz feliz".

Mas Miley não deixou a reação exagerada da imprensa à sua festa de aniversário desanimá-la e decidiu concentrar-se em fazer mais caridade. Escreveu em seu blog:

> Estou feliz em anunciar minha participação no mais novo projeto musical da Anistia Internacional, *Chimes of Freedom*: The Songs of Bob Dylan em homenagem a 50 anos da Anistia Internacional. Eu gravei "You're Gonna Make Me Lonesome When You Go" para a coleção, que vai apoiar o trabalho que a Anistia faz em relação aos direitos humanos, que salva vidas. *Chimes of Freedom* conta com mais de oitenta músicos de diversas gerações e gêneros musicais que dedicaram seu tempo para apoiar a Anistia Internacional nesse lindo projeto. O álbum é dedicado às pessoas do mundo todo que estão presas injustamente ou que foram ameaçadas por expressarem suas crenças de

> forma pacífica. Você pode ajudar o trabalho salvador da Anistia Internacional comprando o *Chimes of Freedom* hoje mesmo, na pré-venda.

Miley também participou da Sharing the Spirit Holiday Party para crianças carentes no shopping center South Coast Plaza em Los Angeles. Para tanto, apesar de o mês de dezembro ser cheio e muito corrido para todos, Miley dedicou ao projeto o dia 9.

Havia quatrocentas e cinquenta crianças participando e Miley fez o melhor que pôde para passar um tempo com o máximo de crianças que conseguiu. Passou sombra com glitter em algumas das menininhas, que ficaram muito felizes em conhecê-la. Houve muita dança, comida boa e uma visita do Papai Noel. Para as crianças, só o fato de ficarem acordadas até meia-noite tornou a festa mágica. Quando foram embora, com os braços cheios de presentes, não conseguiam acreditar que tinham conhecido Miley Cyrus.

A festa foi a quinta do tipo e foi organizada pelo Happiness Project, que trabalha com crianças que não têm lares permanentes e vivem em abrigos. Miley ficou feliz por participar e sua família também se envolveu. Além de encontrar as crianças, ela reservou um tempo para incentivar os voluntários e cumprimentá-los pelo trabalho que realizam. Ela disse: "O que você recebe é o que dá às outras pessoas".

De muitos modos, 2011 foi um bom ano para Miley: ela se despediu de Hannah Montana e começou um novo capítulo de sua vida, voltou às boas com Liam e o futuro parecia promissor depois da turnê Gypsy Heart. Ela refletiu sobre como se sentia ao terminar o ano, em sua biografia no Twitter, com uma frase da música "How Soon Is Now?", dos Smiths: "I am human and I need to be loved. Just like everybody else does" ("Sou humana e preciso ser amada. Como todo mundo").

Ela aconselhou seus Smilers a procurarem amar os amigos e as famílias, e postou no Twitter: "Espero q todos tenham um feliz Natal. P q seja mais especial, procurem passar o tempo todo c as pessoas q amam e fiquem o tempo inteiro no Twitter. A propósito, minha bio é uma música dos Smiths. Uma das minhas preferidas. Ouçam. Não existe problema no paraíso. Sou muito feliz e MTO AMADA.

Mas é verdade. Sou HUMANA e preciso ser amada. Assim como os 4.108.281 de vocês. É Natal, cuide para todos que vocês amam saibam desse amor. XX".

> VOCÊ SABIA?
>
> Miley e Liam foram escolhidos Melhor Namorada e Melhor Namorado de 2011 em uma enquete on-line. Liam estava em terceiro lugar, mas Miley incentivou seus Smilers a votarem nele para poder derrotar Justin Bieber, Robert Pattinson, Brad Pitt e Ryan Reynolds e chegar ao topo. Ela postou: "Votem no Liam! Além de ser o melhor namorado, ele é um dos seres humanos mais incríveis que conheci! Vivo há dois anos e meio em pura felicidade com ele! Vamos colocá-lo no primeiro lugar!".

Liam acabou recebendo 35 por cento de todos os votos para o concurso, garantindo a vitória, e Miley recebeu 45 por cento dos votos para vencer como Melhor Namorada.

CAPÍTULO ONZE

ASSUMINDO O CONTROLE

Miley estava animada para comemorar o aniversário de 22 anos de Liam no dia 13 de janeiro de 2012. Ela postou no Twitter: "Comprei o melhor presente de níver para o Liam! Obrigada por terem colocado a cereja em cima do bolo tornando o aniversário de Liam um TT [trending topics]".

Miley havia comprado para Liam um filhote de buldogue inglês, a quem deram o nome de Ziggy. Liam gosta de cachorros desde pequeno e o buldogue é uma de suas raças preferidas. Miley e Liam tinham outros cães, mas Ziggy era oficialmente de Liam.

Uma semana depois, Miley organizou uma festa para Liam no Club Icon, em Los Angeles, para que ele pudesse comemorar com as pessoas mais próximas. Ele estava ocupado com as filmagens de *Jogos Vorazes* em 2011, por isso foi uma ótima oportunidade para ele encontrar os amigos que não via há tanto tempo.

Miley deu a Liam um bolo em formato de pênis, como brincadeira, e fez algumas fotos engraçadas com ele. Posteriormente, as fotos vazaram e foram publicadas na internet. Mas Miley está tão acostumada ao ver coisas que faz em particular se tornarem públicas, que às vezes nem se importa; ela se diverte e sabe que sua família, amigos e Smilers percebem isso. As fotos não eram sensuais, eram apenas tolas e ela não se importou com as histórias negativas que foram escritas sobre aquela noite; a única coisa que importava era a diversão de Liam.

> VOCÊ SABIA?
> Quando Miley e Liam ficaram separados porque ele estava filmando, marcavam um encontro por Skype todos os dias para que não se sentissem tão sozinhos. Liam sempre ficava ansioso para ver o sorriso de Miley, ainda que apenas por alguns minutos.

Alguns dias depois da festa, Miley postou alguns tweets expondo como se sentia amada: "Um dia muito necessário relaxando na piscina com meu amoooor. Obrigada, Califórnia, por esse sol lindo! Não acredito que estou relaxando em janeiro!".

"Quando se tem amor, não é preciso ter mais nada. Se você não tem amor, não importa muito o que mais pode ter".

"Nos meus sonhos mais malucos, você é sempre meu herói. Nas minhas noites mais sombrias, você me salva, salva minha vida".

Miley adorava cobrir Liam de beijos, mesmo quando havia paparazzi por perto, porque ela não deixaria que eles acabassem com encontros românticos. Ela gostava de dividir pontos altos de seu relacionamento com seus Smilers on-line, e no dia 30 de janeiro, escreveu a letra de uma música da banda Augustana, "On the Other Side", que diz sobre estar ao lado de alguém independentemente do que o futuro reserva.

> VOCÊ SABIA?
> Quando Miley namorava Liam, ela escrevia cartas de amor para ele, que guardava todas.

Além de passar a maior parte de janeiro namorando, Miley encontrou tempo para enganar Khloe Kardashian, com a ajuda de Kelly Osbourne, para um episódio de *Punk'd*. Miley sabia que Khloe acharia graça em ter sido pega na brincadeira, e não ficaria muito brava.

Ela organizou um encontro de amigas em sua casa e quando um ator fingindo ser entregador de pizza chegou, ele pediu para usar o banheiro de Miley. Depois de gritar de dor, o rapaz apareceu com um testículo falso preso no zíper, e a pobre Khloe ficou com a incumbência de telefonar para a polícia e pedir informações sobre o que deveria fazer.

Miley também brincou com Liam no episódio em que participou, que iria ao ar meses depois, em 17 de maio. Duas "pessoas nuas" entraram em seu carro enquanto ela foi tirar dinheiro. Eles se trancaram no carro e Liam bateu nas janelas e fez o melhor que pôde para tirá-los dali, mas no fim, os "policiais" chegaram. Eles perguntaram a Liam se ele conhecia as pessoas, já que elas insistiram conhecê-lo. Ele ficou muito irritado com aquela situação ridícula. Miley o enganou direitinho. Ele não fazia ideia de que câmeras registravam todos os seus movimentos. Se você ainda não viu, procure no YouTube por "Miley Cyrus Punk'd".

Cair numa pegadinha armada por Miley era algo que Liam não esperava, como ele explicou a Ellen DeGeneres: "Eu sabia que ela estava participando do programa... pensei que ela tivesse respeito suficiente por mim para não me incluir nas brincadeiras".

Liam quase quebrou o vidro da janela tentando tirar as pessoas dali, mas ele não acha que foi agressivo demais, levando em conta as circunstâncias. Ele disse ainda: "Sua namorada sai correndo e está gritando histericamente... acho que minha reação foi certa".

Miley também planejava fazer uma pegadinha com Justin Bieber com alguns skatistas, e não se deu conta de que era ela que estava caindo em uma pegadinha. Justin fingiu agredi-los e Miley ficou sem fala enquanto observava as coisas acontecerem.

Miley conquistou muitos fãs novos quando cantou uma versão de "You're Gonna Make Me Lonesome When You Go", de Bob Dylan, no programa *The Ellen DeGeneres Show*, no dia 6 de fevereiro. O programa foi uma homenagem à Anistia Internacional e ela gostou muito de apresentar a faixa do álbum beneficente *Chimes of Freedom*. As pessoas no estúdio e em casa ficaram emocionadas com a apresentação de Miley, e muitos a compararam a Dolly Parton, sua lendária madrinha.

> VOCÊ SABIA?
>
> Miley é muito desastrada e se machuca fazendo coisas bobas. Certa vez, ela tentou dar um "salto mortal" no sofá e acabou caindo de qualquer jeito e fraturou o cóccix. Ela também quebrou o braço depois de tropeçar em um travesseiro.

Dolly adora quando as pessoas comparam Miley a ela e observam como Miley é talentosa em vez de fazerem fofocas. Ela confessou à revista *Parade*: "Eu lembro de mim mesma na idade dela. Todos fomos severos demais com ela. Espero que ela aguente firme, porque existe um mundo de coisas que ela pode fazer. Ela precisa manter os olhos abertos e tomar decisões inteligentes".

Na infância, Miley escutava muitas músicas de Etta James e Whitney Houston, por isso ficou chocada quando as duas morreram no início de 2012 (Etta morreu no dia 20 de janeiro e Whitney, no dia 11 de fevereiro). Miley havia encontrado Etta, que era amiga de Billy Ray, muitas vezes. Seu pai disse a Hollyscoop no Grammy Awards: "Ela está muito triste com a morte de Whitney Houston... Ela também era muito próxima de Etta James. Etta foi uma grande influência a Miley. Tenho muitas lembranças de Miley e eu indo e voltando do *set* de *Hannah Montana* com a música de Etta James tocando alto no CD player".

Miley decidiu tatuar "Love Never Dies" no bíceps esquerdo depois de visitar o Studio City Tattoos com Liam e alguns amigos. O tatuador, dessa vez, foi um homem chamado Illya, que já tinha feito uma tatuagem em Miley antes. Algumas semanas depois, ela tatuou o símbolo Nazar no dedo indicador da mão direita. O símbolo Nazar é do Oriente Médio e parece um olho, o qual, para algumas culturas, afasta o mal.

Miley gostou muito de participar da festa do Oscar da *Vanity Fair* no dia 26 de fevereiro, mas não estava se sentindo muito feliz antes. Naquele dia, ela havia recebido muitas ameaças (inclusive de morte) de uma pessoa que não gostava dela. Miley não responderia normalmente, mas achou que deveria responder, porque não se conformou com o fato de alguém dizer coisas tão ruins a ela. Postou no Twitter: "Não vou tolerar que alguém diga que eu devo morrer".

"Acho que o Twitter precisa assumir certa responsabilidade e torná-lo um ambiente seguro!"

Ela chegou até a responder às pessoas que lhe enviaram as mensagens, perguntando: "Vc não tem nada melhor p fazer do que odiar? Isso me entristece. Sou cercada de amor, sinto muito por você ser tão amargo".

VOCÊ SABIA?

Miley tem mania de limpeza. Certa vez, ela postou no Twitter: "Se eu pudesse mudar algo em mim, seria meu TOC. Por que não consigo parar de limpar? Fico maluca!".

Miley tem dificuldades para encontrar pessoas sinceras que não queiram se aproveitar dela. Kelly Osbourne é uma pessoa em quem ela confia totalmente e é uma de suas melhores amigas. O *Daily Telegraph* perguntou a Miley que tipo de qualidades uma melhor amiga deveria ter. Ela disse: "Honestidade e ser confiável... É difícil encontrar pessoas em quem confiar. Eu provavelmente tenho só quatro ou cinco pessoas em quem confiaria totalmente. Quem ficaria do meu lado e diria a verdade sobe mim e para mim".

Como Miley está sempre viajando, nem sempre ela pode encontrar os amigos com a frequência com que gostaria, mas, felizmente, ela é muito próxima da mãe e das irmãs, com quem pode conversar.

Alguém em quem Miley sempre confiará é sua madrinha, a Rainha da Música Country, Dolly Parton. Ela sabia que Miley era super talentosa quando fazia *Hannah Montana* e disse à AOL Music, na época: "Aquela Miley Cyrus... ela parece um pequeno Elvis! As crianças a adoram porque ela é Hannah Montana, mas o que as pessoas não percebem é que ela é uma cantora e compositora incrível. Ela escreve músicas como se tivesse quarenta anos! Ela é muito profunda!".

> VOCÊ SABIA?
>
> Katy Perry é uma das amigas celebridades de Miley. Quando elas dividiram o camarim no prêmio Grammy com Taylor Swift, um ano, Katy decidiu fazer algo muito estranho. Ela explicou para os ouvintes da iHeartRadio: "Pedi a elas que me dessem uma mecha de seus cabelos, o que é totalmente assustador, mas ótimo. Amarrei lacinhos em cada uma e as coloquei na minha bolsa. E esse era meu segredinho e sou louca!".

Em março, Miley participou da estreia, em Los Angeles, de *Jogos Vorazes* com Liam. Foi a primeira vez em que ela esteve no papel de acompanhante, já que Liam era quem sempre a acompanhava. Ela estava muito chique com um top preto e uma maxissaia da Pucci, combinando com Liam, que vestia um belo terno Dolce & Gabbana. Miley não queria parecer muito baixa perto de Liam, por isso usou seus sapatos Christian Louboutin de salto mais alto.

Ela disse a Ben Lyons, do *Extra*: "Sou uma namorada muito orgulhosa; o Liam está incrível no filme. Não é um triângulo amoroso comum, e também é bem triste. Acho que quando você começa a assistir ao filme, você se sente exatamente dentro dele".

> VOCÊ SABIA?
>
> Miley leu os livros *Jogos Vorazes* depois que Liam ganhou o papel, por recomendação de Noah. Ela explicou: "O Liam começou a trabalhar no filme e minha irmã ficou animada por saber que ele participaria. É raro encontrar um filme tão bom quanto o livro, e eu acho que será esse o caso com *Jogos Vorazes*, por isso está tão animado".

Ela atuou ao lado de Liam no filme *A Última Canção*, mas ela ficou muito à vontade por Jennifer Lawrence interpretar o papel de Katniss Everdeen em *Jogos Vorazes*. Miley queria manter a vida pessoal separada da profissional.

> VOCÊ SABIA?
>
> Quando Liam estava se preparando para interpretar Gale, ele recebeu uma mensagem de texto de seu irmão Chris, dizendo: "Ei, gordo, é Jogos Vorazes, não Jogos Alimentares". Chris tinha visto fotos de Liam comendo pizza e bebendo cerveja quando deveria estar cuidando da alimentação.

Miley ficou contente quando *Jogos Vorazes* recebeu elogios de críticos de cinema e de fãs dos livros. O filme rendeu 155 milhões de dólares no fim de semana de estreia só nos Estados Unidos — mais do dobro do que o primeiro filme da saga *Crepúsculo* conseguiu. O filme de Liam foi o terceiro, nos Estados Unidos, a gerar mais lucro no fim de semana de estreia!

Miley fez questão de deixar claro a Liam que estava muito orgulhosa dele, e o primeiro cheque que ele recebeu foi emoldurado e pendurado na parede da casa. Ele precisou se esforçar muito para se tornar um ator de sucesso, mantendo outros empregos para pagar as contas (antes de atuar em *A Última Canção* com Miley, ele foi instalador de piso).

Miley sabe como é trabalhar muito e frequentemente se sente esgotada e suscetível a doenças. Quando estava se preparando para se apresentar no evento beneficente do aniversário de setenta anos de Muhammad Ali, no dia 24 de março, ela disse aos Smilers que não estava se sentindo muito bem. Postou no Twitter dois dias antes: "Na cama, muitoooo doente ☹ mandem energia positiva! Preciso ficar bem para a noite da Celebrity Fight Night! O corpo inteiro dói".

Felizmente, no dia do evento, ela já estava se sentindo muito melhor e conseguiu se apresentar no JW Marriott Desert Ridge Resort & Spa em

Las Vegas. Miley não foi a única a se apresentar naquela noite; teve a companhia de Rita Wilson (a esposa de Tom Hanks), do Rascal Flatts e de Lionel Richie. Todos queriam angariar o máximo de fundos para o Muhammad Ali Parkinson Center no hospital St. Joseph, em Phoenix.

Miley decidiu usar dois modelos no evento: um bonito vestido laranja com uma fenda do lado direito, mostrando suas pernas torneadas e bronzeadas no carpete vermelho e, depois, um vestido preto e prata para sua apresentação.

Ela postou: "Animada para a CelebFightNight, incrível estar com Johnzo West e Liam na mesma mesa hoje".

VOCÊ SABIA?

Johnzo West subiu ao palco com Miley, tocou violão e cantou durante sua apresentação de "You're Gonna Make Me Lonesome When You Go".

Miley usou o que parecia ser um anel de diamantes no dedo anular no evento e também havia postado no Twitter uma foto de sua mão mostrando o esmalte das unhas, mas insistiu em dizer que o anel não era uma aliança de noivado. Ela postou: "Não estou noiva... Estou usando o mesmo anel nesse dedo desde novembro! As pessoas só querem encontrar algo sobre o que falar! É um topázio, pessoal!".

Quando Liam foi entrevistado por Jay Leno, em 29 de março, ele confirmou que eles não estavam noivos, mas que tinham um "relacionamento feliz". Eles estavam adorando a vida que levavam juntos com os cachorros; mas achavam que ainda não era a hora de se casar e ter filhos.

Miley disse a mesma coisa que Liam nos tweets que enviou a seus seguidores naquela semana. Ela escreveu: "Acordei sorrindo e ainda estou. Sentindo muito amor, paz e felicidade ao meu redor. A felicidade só vem de dentro e é o resultado de seu amor por si mesmo. Você é responsável por sua felicidade. Se colocar sua felicidade nas mãos de outra pessoa, mais cedo ou mais tarde, vai sofrer. 3 cães que me amam incondicionalmente, um namorado lindo e uma família incrível, além de 5,2 mil seguidores lindos".

VOCÊ SABIA?

Para Miley, ter um namorado que não tente mudá-la é muito importante. Ela quer alguém que esteja ao seu lado para ouvi-la e apoiá-la, em vez de tentar moldá-la.

CAPÍTULO DOZE

ALTOS E BAIXOS

No dia 25 de março de 2012, Miley fez história ao ser a primeira vencedora do prêmio World Wish Day Star Award pela instituição de caridade Make-A-Wish. Ela ganhou o prêmio pela incrível contribuição ao ajudar a tornar realidade os sonhos de crianças com problemas graves de saúde. O presidente e diretor executivo da Make-A-Wish America, David A. Williams, anunciou: "Para a Make-A-Wish, as celebridades não são apenas rostos e vozes promocionais — elas são essenciais para a realização de nossa missão de tornar sonhos realidade.

Este ano, gostaríamos de homenagear uma celebridade especial que não mediu esforços para criar experiências que tornam a vida melhor para as crianças, as famílias e as comunidades".

Miley mereceu ganhar o World Wish Day Star Award, pois havia realizado os desejos de mais de 150 crianças no mundo todo e passou o máximo de tempo que conseguiu com elas. As crianças sempre saíam dos encontros sorrindo muito, pois Miley as tratava como se fossem amigas de longa data. Ela até realizou o desejo de oito crianças da Make-A-Wish quando foi buscar seu prêmio em um evento especial em Phoenix.

Mas Miley ficou extremamente brava e ofendida quando, dois dias depois, ela descobriu que o blogueiro de fofocas Perez Hilton havia escrito um post em seu blog intitulado "Miley Cyrus admite que se corta??".

VOCÊ SABIA?

Miley gosta de ajudar as pessoas e quando soube que Molly Dunne, de sete anos, que sofria de hipertensão pulmonar e telanglectásia hemorrágica hereditária, queria conhecê-la, marcou um encontro em Miami. Miley passou um tempo com ela, escreveu um bilhete e telefonou várias vezes; ela queria que Molly soubesse que ela a apoiava e até telefonou na noite em que a menina morreu. Ela havia telefonado para vê-la naquela semana, mas, infelizmente, não era para ser assim. A família de Molly agradeceu muito por Miley se importar com Molly, e em suas últimas horas de vida, Molly ficou muito feliz por conversar com sua cantora preferida.

Ele escreveu: "Torcemos muito para que não seja verdade, mas as fotos não mentem... e Miley Cyrus tem postado coisas no Twitter que são um sinal de alerta. Queremos que ela seja feliz e saudável, mas não temos mais tanta certeza disso. As pessoas ficaram muito preocupadas com a perda de peso dela — que parece ter sido de cerca de dez quilos de repente —, até ela citar uma alergia a glúten, e agora, ela está postando tweets assim: "As cicatrizes fazem com que nos lembremos de onde já estivemos, não para onde estamos indo".

Perez sabia que o tweet de Miley era uma citação, mas isso não o impediu de escrever o post no blog nem de dizer que as marcas fracas no braço dela em uma foto com *zoom* eram cicatrizes e "parecem marcas de cortes". Qualquer Smiler que visse a mesma foto pensaria que as marcas eram apenas por Miley ter usado uma blusa de mangas compridas ou por ter encostado em algum tecido com costuras. Ela nunca se autoflagelaria e o post foi todo baseado em especulação.

Nas semanas seguintes, diferentes sites de fofoca e jornais escreveram mais histórias negativas, e o Celeb Dirty Laundry chegou a publicar uma matéria com o título MILEY CYRUS AGORA É UMA ANORÉXICA COM PIERCING NO NARIZ? O *Daily Mail* escreveu uma matéria intitulada REBELDE SEM CAUSA: MILEY CYRUS USA UMA ARGOLA NO NARIZ EM UM PASSEIO DURANTE UM DIA ENSOLARADO COM O NAMORADO. No texto, eles escreveram: "Ela já tem diversas tatuagens, mas agora continua com seu show de rebeldia com uma nova argola no nariz".

Miley pode ter emagrecido, mas estava longe da anorexia, e o piercing no nariz foi colocado em 2009. Ela postou no Twitter: "Não sei como um piercing no nariz que tenho há três anos se tornou uma NOVIDADE. Não entendo".

Os boatos sobre anorexia começaram quando ela postou uma foto de si mesma cheirando um prato de comida com a seguinte mensagem: "Não posso comer, então vou cheirar essa p****! Estou salivando".

Logo depois, Miley recebeu muitas mensagens perguntando se sofria de algum distúrbio alimentar, então ela responde depressa: "Para todo mundo que está me chamando de anoréxica, eu tenho alergia a glúten e lactose. Não tem a ver com peso, mas sim, com saúde. E glúten é uma m**** mesmo!".

Miley tinha simplesmente mudado sua dieta, e passou a comer muita carne de frango, peixe, salada e frutas. Disse adeus ao pão normal e às frituras também. As aulas de Pilates a estavam ajudando a ganhar tônus muscular e Liam não via problemas no fato de ela estar um pouco mais magra.

Talvez a imprensa estivesse pronta para pegar Miley, mas ela não se importou e continuou curtindo a vida. No Dia das Mães, ela levou café da manhã a Tish na cama e depois a levou para almoçar. Tish adorou o presente da filha, que foi um belo colar de ouro. Elas tinham dois motivos para comemorar: o Dia das Mães e também o aniversário de Tish.

Miley havia postado no Twitter mais cedo naquele dia: "Hora de levar o café da manhã na cama com uma joia para a mãe mais gostosa da cidade, @tishcyrus".

Ela também postou uma foto das duas juntas com a frase: "A mamãe Tish ADOROU seu presente de aniversário e dia das mães".

Tish ficou tão feliz que postou um tweet a seus seguidores, dizendo: "Ganhei o melhor presente de todos de Dia das Mães/Aniversário! Sou abençoada por ter os melhores filhos e o melhor marido. Eu os amo demais!".

VOCÊ SABIA?

Miley pode não ter filhos, mas ainda assim, ela ganha um cartão de Dia das Mães de seus cães!

Miley sempre disse que nunca faria uma tatuagem sem sentido, por isso os Smilers ficaram um pouco confusos quando ela tatuou, no braço esquerdo, numerais romanos que não faziam qualquer sentido. Os numerais que ela escolheu foram VIIXCI, que são os números 5, 1, 1, 10, 100 e 1. Para que os numerais fizessem sentido, seria preciso haver um espaço entre eles. Um mês depois de Miley fazer a tatuagem, ela foi fotografada saindo de um estúdio de tatuagem com Trace, e os numerais romanos estavam cobertos por um curativo, o que fez as pessoas especularem que ela havia alterado o desenho. A tatuagem deveria ser 7/91, que é o mês e o ano em que seus pais se conheceram.

VOCÊ SABIA?

Miley aparece no clipe do single de seu irmão Trace, "Sippin on Sunshine".

Miley sabia que seria criticada pelos blogueiros, mas decidiu ser corajosa e ousada quando escolheu sua roupa para o Billboard Music Awards em 20 de maio de 2012. Ela usou um blazer branco de Jean Paul Gaultier sem nada por baixo no evento no MGM Grand Garden Arena, em Las Vegas. O blazer deixava à mostra o enorme decote e terminava nas nádegas. Como acessórios, ela usou uma corrente, alguns anéis e sapatos peep-toe de listras brancas e pretas. Miley queria ser notada no tapete vermelho e quis usar algo sexy, e não bonitinho. No passado, talvez vestisse um vestido longo, mas não era mais uma princesa da Disney: estava ali para marcar presença e entregar o prêmio Top New Artist ao rapper Wiz Khalifa.

VOCÊ SABIA?

Miley trabalharia com Whiz em seu álbum de 2014, *Blacc Hollywood*. Quando perguntaram a ele no *The Arsenio Hall Show* como era trabalhar com Miley, ele respondeu: "Incrível! Mas de um modo bom, ela tem muita energia. Ela fuma pra caramba".

Liam podia ter apenas vinte e dois anos e Miley só dezenove, mas eles sabiam que queriam ficar juntos pelo resto da vida. Mas Miley ficou chocada quando Liam a pediu em casamento no dia 31 de maio, porque ela não esperava tal pedido de jeito nenhum – o qual fora muito bonito, Liam pediu Miley em casamento depois de ela cantar sua versão de "Lilac Wine" durante uma de suas Backyard Sessions para a MTV. Ela explicou no *The Tonight Show with Jay Leno*: "Cerca de vinte minutos depois daquela música — que é uma das preferidas de Liam —, ele me pediu em casamento, tipo, vinte minutos depois, então, enquanto eu estava cantando, não fazia ideia do que aconteceria, e ele estava sentado ali e eu me liguei que ele estava olhando para mim de um jeito esquisito".

Eles anunciaram a notícia aos fãs e à imprensa no dia 6 de junho, e Miley disse à revista *People*: "Estou muito feliz por estar noiva e estou ansiosa para viver uma vida de felicidade com Liam". Ela enviou muitos tweets carinhosos quando a notícia foi dada: "Amo você mais hoje do que ontem, mas amo você menos hoje do que amarei amanhã", "a vida é bela", "obrigada por todo o amor hoje ☺ Estou feliz por compartilhar essa notícia com vocês, meus fãs. Sinto que todos os meus sonhos estão se tornando realidade. Tenham um lindo dia".

Tish ficou emocionada e postou: "Uau! Todo o amor que estão dedicando a Miley e Liam é incrível! Estou muito feliz pela minha filha preciosa e pelo amor da vida dela!".

Billy Ray compartilhou da alegria e postou: "Tudo o que sempre quis, como pai, foi ver meus filhos realizarem seus sonhos, alcançarem felicidade, paz de espírito e, um dia, conhecerem o verdadeiro amor".

O irmão mais novo de Miley, Braison, disse: "Eu não ia dizer nada. Mas estou muito feliz pela @MileyCyrus. Nunca pensei que algum homem seria bom o suficiente, mas sei que ele a faz feliz".

Uma das amigas de infância dela, Lesley Patterson, quis desejar felicidades a ela e postou: "Parabéns, @MileyCyrus, por seu noivado!!! Estou muito feliz por você e por Liam! Saudades!!".

O anel de noivado de Miley foi feito por Neil Lane, que foi contratado por Liam para criar uma peça única que fosse romântica e bonita. O diamante que ele escolheu foi lapidado à mão no fim do século XIX. Liam adorou o anel e postou uma foto dele com a mensagem: "Obrigado a todos pelo apoio. Estamos muito felizes!".

Miley disse à jornalista Laurie Sandell, da *Marie Clair*, que o anel era perfeito. Ela admitiu: "Nós vínhamos falando sobre [ficarmos noivos], e eu vi uma aliança parecida com aquela on-line e achei muito linda, mas costumo usar ouro rosé. Adoro o fato de ser antigo e ter uma história. E estou feliz por não ser diferente de tudo que eu uso".

VOCÊ SABIA?

Adam Shankman, um dos produtores do filme *A Última Canção*, chorou quando soube que Miley e Liam estavam noivos. Ele disse à revista *People*: "É extraordinário, e estou muito feliz... Estou até com medo de como os filhos deles serão lindos".

Miley conversou com a apresentadora de TV, Ellen DeGeneres, a respeito do dia de seu casamento:

> No momento em que ele me vir com o vestido e todo o resto, tudo precisa ser perfeito. Tem de ser como uma trilha sonora em um filme. É o único dia em que as bobagens dos filmes são reais. Aquele romance. Aquele olhar é o momento em que você vê isso. Eu já devo ter ido a dez, vinte casamentos, e vi esse olhar verdadeiro cinco, seis vezes. São raros os momentos em que as

> pessoas param para realmente se olharem nos olhos e saberem que aquela será a vida deles juntos.
>
> Existem boatos de que vou fazer, tipo, quarenta e sete casamentos. Não vou. Vou fazer uma festa só. É o meu dia e tudo o que eu quiser nesse dia terá a ver comigo e com o momento.

Menos de duas semanas depois do noivado, Miley e Liam foram obrigados a viver longe um do outro por um tempo porque Liam teve de ir a Nova Orleans para gravar o filme *Empire State,* e Miley também estava trabalhando longe de casa. Miley sentiu muita dificuldade quando se viu sozinha e postou um tweet a seus Smilers para mostrar como se sentia: "Estou com saudade da minha mãe e de meu noivo #saudade".

Como eles estavam separados, os boatos começaram, dizendo que eles estavam tendo problemas. Miley decidiu enviar uma mensagem para a mãe pelo Twitter para que todos os seus seguidores vissem: "@tishcyrus, eu amo meu noivo e ele me ama. Todo o resto é m****. Nós vivemos felizes e ninguém pode tirar isso de nós".

Miley simplesmente estava se divertindo com seu melhor amigo Cheyne Thomas em Miami, e os paparazzi tiraram fotos e as venderam a jornais e revistas do mundo todo. Mas Miley havia trabalhado demais no estúdio gravando seu novo álbum e precisava descansar. Não gostou quando o *Daily Mail* escreveu uma matéria com o título NÃO OLHE AGORA, LIAM! MILEY CYRUS, QUE ACABOU DE FICAR NOIVA, SE APROXIMA MUITO DE SEU AMIGO EM BRINCADEIRAS NA PISCINA.

Miley postou um tweet: "Então, agora, só porque estou noiva, não posso ter um amigo do sexo oposto? Não posso contar com a ajuda de um amigo depois de trabalhar o dia tooodo? Talvez VOCÊS também tivessem amigos se tirassem sua cara dos tabloides e começassem a cuidar da sua vida ☺ que pena".

Cheyne postou: "Não sei se vcs sabem disso, mas dá p sair c uma amiga e parecer feliz e se divertir... não tem nada de errado com isso... Se parece estranho, talvez vcs devessem reavaliar suas amizades e parar de se preocupar com as minhas. As pessoas precisam aprender a se sentir felizes pelas outras e nem sempre tentar estragar tudo. Se a pessoa está feliz pra caramba, deixem ela em paz".

Miley, Tish e Cheyne ficaram furiosos com o que tinha sido escrito a respeito de um momento inocente na piscina. Tish postou: "Que triste ver que os tabloides nojentos precisam inventar histórias para vender as porcarias de revistas. Não podem deixar os 2 em paz e felizes?".

> VOCÊ SABIA?
>
> Cheyne trabalhava no Starbucks até Miley dizer que queria que ele fosse seu assistente pessoal. Eles eram amigos há anos e Miley sabia que ele era confiável.

Miley estava ao lado de Liam no primeiro Australians in Film Awards, que aconteceu no InterContinental Hotel, em Century City, Los Angeles, no dia 27 de junho de 2012. Para a ocasião, ela decidiu vestir um vestido curto e preto, da marca Zimmerman. Escolheu a cor preta porque, desse modo, conseguiria ser discreta e não tirar de Liam a atenção da imprensa. A noite era em homenagem a seu noivo, à atriz Yvonne Strahovski, ao diretor John Polson e ao diretor do estúdio, Harvey Weinstein. Enquanto estava ali, Miley foi entrevistada pela revista *People* e disse: "[Os australianos] são muito mais quentes [do que os americanos]. Não tem como competir. Acho que os australianos são donos de uma masculinidade que provavelmente é meio como ter crescido no Sul, como eu. Acho que eles são um pouco mais respeitosos".

Quando o presidente da Australians in Filme, Andrew Warne, anunciou que Liam era o vencedor do prêmio Revelação, Miley ficou muito orgulhosa. Andrew disse aos 300 presentes: "Estamos muito felizes em homenagear Liam Hemsworth com o prêmio Revelação 2012. Seus filmes recentes demonstram seu inegável talento como ator. Com *Os Mercenários 2*, com Sylvester Stallone e *Paranoia*, com lendas do cinema como Gary Oldman e Harrison Ford, além de *Arabian Nights*, com Dwayne Johnson e Sir Anthony Hopkins, acreditamos que este é apenas o começo para Liam Hemsworth".

Quando Liam subiu ao palco para fazer seu discurso após receber o prêmio, ele fez questão de dizer como havia conhecido Miley, falando de seu teste para o filme *A Última Canção*. "Eu tive a sorte de ser chamado de volta, ler com a minha agora noiva e nos apaixonamos e nos casamos... Bem, não nos casamos ainda". Miley gritou: "Vamos nos casar!", que Chris repetiu sorrindo.

Os dois tiveram uma noite ótima, mas, no dia seguinte, Liam teve de voltar a Nova Orleans para continuar filmando *Empire State*. Miley ficou triste e postou: "O peso do mundo é forte demais. A espera para ser sua é longa demais. Nesta cama, sozinha, eu me sinto muito pequena. Não quero nada se não tiver tudo".

VOCÊ SABIA?

Liam acha Miley muito sexy quando suja a boca enquanto come. Ele disse à revista *Who*, de novembro de 2011: "Há um restaurante em Nashville chamado Steak and Shake, que tem a melhor comida de todas. É o nosso lugar secreto... Quando olho para ela quando vai morder um sanduíche e suja o queixo com molho, acho tão sexy".

Em julho, Liam estava ocupado gravando outro filme, *Paranoia*, na Filadélfia. Miley decidiu visitá-lo, levando o cachorro do casal, Ziggy, mas quando tentaram fazer coisas simples, como andar juntos numa rua, não conseguiram, pois passaram a ser seguidos por dezenas de paparazzi.

Ser perseguida todos os dias é algo que irrita muito Miley, porque ela quer ter uma vida normal. Ela extravasou a raiva em vários tweets: "Não pode ser permitido que homens que nunca vi na vida se sentem na frente da minha casa e fiquem me seguindo! Que coisa assustadora! Odeio paparazzi com força. Porcos nojentos. (Sem ofender os porcos)". "Por que os paparazzi sentem a necessidade de me gravar passeando com o Ziggy? É sério? Vão escrever nas manchetes: 'Cachorro de Miley ca**?'. Estou pensado em comer a comida do Ziggy, porque estou com fome, mas estou presa neste hotel como a louca da Rapunzel por causa dos idiotas na rua".

Depois de conversarem sobre isso, Miley e Liam decidiram fazer outra tatuagem juntos. Dessa vez, eles escolherem frases de um discurso que o presidente Franklin D. Roosevelt fez em 1910 para tatuar nos braços. Liam fez a primeira parte: "Se ele fracassar, que seja enquanto estiver sendo muito ousado". A tatuagem de Miley é a continuação: "de modo que o lugar dele nunca seja com as almas frias e retraídas que não conhecem nem a vitória nem a derrota".

Miley escolheu a frase inspiradora porque, como explicou para a revista *Rolling Stone*, ela tem a ver com "como as pessoas julgam quem vence e quem perde, mas elas não estão ali, dando a cara a tapa... só querem criticar".

Julho pareceu ter sido um mês difícil para a estrela, pois ela postou alguns tweets que fizeram os Smilers pensar que os blogueiros tinham razão quando diziam que o relacionamento de Miley e Liam passava por problemas.

Ela escreveu no dia 8 de julho: "Talvez você pudesse ter sido algo em que eu seria boa".

E dois dias depois: "você não pensa muito longe? Porque eu estava pensando no para sempre".

Miley estreou um penteado bem loiro, estilo "Joãozinho" e por um tempo, isso pareceu ter melhorado seu humor. Ela compartilhou uma foto de seu look novo com os seguidores, com a seguinte mensagem: "Agora que estou loira, vou sair fazendo bico de pato em todas as fotos".

Ela também tentou ganhar umas bolsas e acessórios Chanel ao postar uma foto de si mesma com uma bolsa Chanel e a mensagem: "Ei, Chanel, lembrem das amigas!! Amooo".

Quando ela viu que a Chanel havia feito um skate, ela sabia que precisava ter um e postou: "Eu só quero andar de skate... entããããoooo, eu preciso muito de um skate @chanel personalizado! Não é, @Pharrell?".

Ela sempre fica feliz com tatuagens e decidiu fazer outra tatuagem no dedo, dessa vez com letras vermelhas. Acredita-se que a tatuagem com a palavra "BAD" seja uma homenagem a Michael Jackson, pois Bad é o nome do sétimo álbum dele, que foi lançado em agosto de 1987. Miley é muito fã de Michael Jackson e, quando ele morreu, ela postou: "Michael Jackson foi minha inspiração. Amor e bênçãos".

Em uma entrevista em 2010, para a MTV, ela disse:

Ele era novinho quando começou na indústria. E isso é difícil, é preciso ser forte. É tudo muito louco com a imprensa e tudo. Ninguém nunca escreveu uma matéria somente para dizer: "Olha, Michael, gostamos muito do que você faz". Eu gostaria de ter tido a oportunidade. Gostaria de ter sabido. Gostaria de ter tido a vontade de pensar: "Como posso entrar em contato com o Michael Jackson e dizer o quanto ele representa para mim?". Porque poucas pessoas fizeram isso, e eu acho triste que ele tenha tido que esperar até ser tarde demais para dizer às pessoas o que ele fez. Mas acho que ele sabe.

Miley decidiu colocar Liam em primeiro lugar e o visitou quando deveria estar no Team Choice Awards no Gibson Amphitheatre em Los Angeles, no dia 22 de julho. Ela havia ganhado os prêmios de Cantora Mais Sexy e Cantora Ícone Fashion, eleita pelo público. Perder o show foi difícil para Miley, porque ela gosta de participar todos os anos. Ela postou: "Muito triste por não ter ido ao TCA hoje! Meus fãs são incríveis! Obrigada por tudo! O TCA é o meu preferido porque vem de vocês ☺ Amo vcs."

Ela brincou com seus Smilers em agosto, quando postou uma foto de duas mulheres nuas usando apenas tinta corporal. Os rostos das mulheres estavam escondidos, e muitas pessoas pensaram que poderiam ser Miley e sua dançarina e amiga Jen Novak. Na foto, as mulheres estão de costas uma para a outra com rostos pintados em seus corpos. Uma mulher está de pé e a outra está fazendo uma parada de mão.

O artista que as pintou foi muito talentoso, pois à primeira vista só se nota os rostos desenhados. Só com bastante atenção é possível perceber que eles estão pintados em mulheres nuas.

Cheyne Thomas marcou Miley e Jen na foto, mas Miley não revelou se a foto era delas, apenas escreveu: "nosso amor é nossa maior arte".

Jen postou: "Depois de hoje... valorizo esta foto de um modo novo ☺".

Miley respondeu: "Porque somos amigas do peeeeeito".

Miley dizia que ela e Liam não eram ciumentos, porque tinham confiança total um no outro. Ela disse à *Marie Claire*: "As pessoas dirão: 'Ah, o Liam está tão próximo da Jennifer Lawrence [de *Jogos Vorazes*]'. Ah, sim, eles acabaram de filmar juntos! Ele tem de ignorá-la porque ela é mulher?

Eu poderia estar ao lado de um cara que estivesse vestindo uma camiseta nas cores do arco-íris com as palavras 'Eu sou gay' e as pessoas, ainda assim, escreveriam: 'Quem é aquele cara com a Miley?' É tudo uma m****. Por sorte, nenhum de nós é super ciumento. Nós nos conhecemos e nunca faríamos nada para ferir um ao outro".

Miley e Liam estabeleciam limites e recusavam roteiros que poderiam magoar um ao outro. Por estarem noivos, Miley se sentia mais segura quando Liam vivia romances nos filmes, porque ela sabia que ele a respeitaria. Ela admite que se eles fossem apenas namorados, ela poderia ter sentido coisas diferentes.

VOCÊ SABIA?

Certa vez, quando Miley estava em outra cidade, sua casa foi cercada por uma equipe da polícia depois de um trote dizendo que alguém estava tentando sequestrá-la e que havia ocorrido um tiroteio na casa.

Em agosto, Miley revelou um segredo a seus Smilers: ela havia sido a vocalista feminina em uma faixa do DJ israelense Borgore. "Decisions" tinha sido lançada dois meses antes, mas teve um pico de vendas quando os Smilers ficaram sabendo. Borgore ficou encantado, pois não fazia ideia de que ela revelaria o fato. Ele disse à *Rolling Stone*: "O que estávamos tentando fazer, e que nos deixou muito felizes, era gravar uma música juntos e ver a verdadeira opinião das pessoas sobre a canção.

"Se alguém gostava da música antes de saber que ela participou, e agora não gosta mais porque já sabe, essa pessoa está mentindo para si mesma... Acho que ser um não conformista é ser o maior conformista de todos".

VOCÊ SABIA?

Borgore não sabia que Miley era uma grande estrela, porque ele nunca tinha visto *Hannah Montana* antes, mas ele quis que ela participasse da música porque gostou muito de sua voz.

CAPÍTULO TREZE

FELIZ, BONITA E LIVRE

Miley estava pronta para uma mudança drástica e decidiu que precisava cortar os cabelos. Ela queria dividir tudo com seus seguidores, então postou fotos de seus cabelos "antes" e "depois" do corte e do penteado feito pelo cabeleireiro das celebridades, Chris McMillan. Antes de o cabelereiro começar o trabalho, ela postou: "Se você não tiver nada de bom a dizer, não diga nada. Meu cabelo está na minha cabeça e não na de outra pessoa, e ele vai embora".

Em duas das fotos, ela faz cara de medo enquanto Chris fica atrás dela, segurando a tesoura perto de seu coque. Depois que revelou seu novo look, Miley recebeu mensagens ofensivas, dizendo que o corte era péssimo. Ela logo respondeu com a mensagem: "Meu pai, Nilly Ray Cyrus, costumava dizer que opiniões são como ânus, cada um tem um. Adorei meu cabelo e me sinto muito feliz, bonita e livre".

Miley também revelou o que Liam achava de seu novo look, e postou: "Ele adorou. Ontem à noite, disse que não me via feliz assim há muito tempo ☺ ele gosta de ver que meus olhos se destacaram".

Menos de duas semanas depois da mudança nos cabelos, Miley postou algumas mensagens misteriosas no Twitter: "O amor é uma batalha, o amor é uma guerra; amar é crescer". "Amar é sofrer. Para evitar o sofrimento, uma pessoa não deve amar. Mas aí, a pessoa sofre por não amar".

VOCÊ SABIA?

Miley passou anos querendo cortar os cabelos bem curtos. Ela confessou à News.com.au: "Sempre quis cortar meus cabelos, desde, provavelmente, cerca de seis anos atrás, quando fizemos um episódio no qual meus cabelos ficaram como os da modelo Twiggy. Desde que vi, quis cortar, mas estava reunindo coragem para cortar, sabendo que os cabelos não crescem da noite para o dia. Não é o corte que assusta, mas a demora para crescer. Vale muito a pena. Não consigo mais me ver com cabelos compridos, porque dá muito trabalho. Assim é bem fácil, bem bacana".

Os fãs sabiam que Miley e Liam queriam fazer um noivado longo, mas torceram para que tudo estivesse bem. Miley parecia bem no MTV VMAs no dia 6 de setembro de 2012 quando foi uma das apresentadoras. Usando um belo vestido de seda preto Emilio Pucci, ela chamou Pink ao palco para cantar "Get The Party Started" e "Blow Me One Last Kiss". Miley disse à plateia: "A artista que está prestes a subir ao palco inspirou artistas como eu a serem eles mesmos, a cantar com o coração e a ser autênticos". Muitas pessoas compararam os cabelos de Miley com os de Pink, mas Miley não se importou, e postou no Twitter mais tarde: "Uauuu 2 moças com cabelos loiros e curtos. O mundo todo deveria entrar em pânico. Ridículoooo".

VOCÊ SABIA?

Depois que Miley cortou os cabelos, algumas pessoas tentaram ofendê-la dizendo que ela estava parecendo lésbica. Ela disse ao *Toronto Sun*: "Todo mundo disse que eu sou lésbica, mas penso: 'Ser lésbica não é ruim. Então, se você acha que eu estou parecida com uma lésbica, não me ofendo. Pode dizer coisas piores'. Já me chamaram de coisas bem piores. Ser lésbica é elogio perto do que as pessoas dizem".

No tapete vermelho, os jornalistas ficaram perguntando a Miley a respeito de seu cabelo novo. Ela disse à revista *Access* que é muito mais fácil cuidar dos fios assim e que ela adora o fato de seus cabelos não mais cobrirem seu rosto. Ela deixava os cabelos presos em um coque para não ter de arrumá-los, por isso o look novo era muito melhor. Miley queria espalhar a notícia de que lançaria uma música nova e que havia acabado de lançar seu site. Ela disse: "Estou meio que mostrando a todo mundo a direção que estou tomando. Estou bem feliz. Acho que finalmente descobri quem sou e isso muda todos os dias, como você sabe. Sempre que escrevo uma canção, sinto que posso ser quem sou, porque não estou presa em um rótulo, ninguém está me dizendo quem devo ser. Posso escrever e trabalhar com meus produtores incríveis. É muito divertido!".

Noah foi à premiação com Miley porque estava desesperada para conhecer o One Direction. Ela queria que Miley a apresentasse, mas a cantora deixou seu passe de acesso livre com a irmã. Katy Perry foi quem acabou apresentando Noah a Harry, Niall, Zayb, Liam e Louis.

VOCÊ SABIA?

Certa vez, Miley concordou em participar do programa *Good Morning America* só por causa de Noah. Justin Bieber estava participando naquele dia e Noah estava louca para conhecê-lo.

Os Smilers ficaram encantados quando a MTV transmitiu *Backyard Sessions* com Miley no início de setembro. O programa tinha sido gravado no verão e mostrava uma Miley relaxada cantando com sua banda em seu jardim. Foi depois de uma daquelas sessões, claro, que Liam fez o pedido de casamento.

Miley fez um cover ótimo da canção "Lilac Wine", de James Shelton, apesar de ser uma canção difícil de cantar. Ela fez parecer tão fácil que algumas pessoas duvidavam que era cem por cento a voz dela, e deixaram comentários desagradáveis no YouTube. O tecladista de Miley, Mike Schmid disse à superfã Jackie (@MileyLiamLOVE):

> Eu não me envolvo em fofocas de tabloide porque não é da minha conta. Mas quando as pessoas dizem que a Miley não tem talento ou não sabe cantar, estão falando sobre um assunto que EU entendo, porque trabalho com ela desde que ela tinha 14 anos e a menina TEM talento. Ela sabe o que está fazendo, e faz isso com mais estilo e personalidade do que a maioria das pessoas faria. Então, sim, fico incomodado quando as pessoas dizem que nós "ajeitamos" a voz dela.
>
> Eu gravei com ela, então, e o que vocês estão ouvindo é uma gravação feita ao vivo, com um pouco de compressão e um pouco de *reverberação* na voz para dar um *up* (o que é MUITO comum). NÃO havia produtores. Nós só tocamos, e então nosso amigo Hager mixou e adicionou os efeitos mencionados. O que vocês ouvem é bem como foi no quintal. Esta é a voz de Miley de verdade.

A maioria das celebridades precisa lidar com fãs que chegam a extremos, e Miley não é exceção. No sábado, 8 de setembro, um homem chamado Jason Luis Rivera foi flagrado no jardim da frente da casa dela às 4h10 da madrugada, levando uma tesoura. Ele disse aos policiais que o prenderam que era marido de Miley. Felizmente, ela não estava em casa, por isso não se assustou. Depois de ser julgado, ele foi condenado a dezoito meses na prisão e precisa manter uma distância de mil metros de Miley em qualquer situação. Ela precisou solicitar uma ordem de afastamento permanente para o caso de ele tentar procurá-la de novo depois que fosse solto.

Miley havia dado um tempo na carreira de atriz para se dedicar a sua música, mas quando foi convidada para participar da comédia de sucesso da CBS, *Two and a half men*, não pôde dizer não — era uma oportunidade boa demais para perder.

O produtor executivo Jim Patterson disse à Yahoo TV que eles estavam muito animados com a participação dela:

> Nós a convidamos. O Ashton e ela são conhecidos, e Angus participou do programa dela há dois anos. Eu acho que participou. Acho que John Cryer também participou do programa. E a personagem dela em *Hannah Montana* era maluca pelo Ashton... Ela conhece todo mundo.

> Ela participará de dois episódios agora, e se as coisas derem certo e ela gostar, vamos adorar recebê-la de novo... Acreditamos que será uma ótima dinâmica. Ela vai interpretar uma garota interessada em Jake [personagem de Angus T. Jones] e ele nunca passou por isso. Vai ser o primeiro relacionamento dele, coisa assim. Ele não é mais a metade de homem do programa. Ele está... no Exército, vai ter uma namorada, vai viver o amor e a decepção amorosa, e coisas assim.

Depois de gravar suas cenas, Miley postou no Twitter: "Eu me diverti como nunca gravando 2 episódios de 2,5 Men ☺ Entendo por que eles fazem isso há 10 anos. É um grupo incrível".

Miley teve falas ótimas no programa, incluindo: "Oi, sou a Missi! Todo mundo acha que é diminutivo de Melissa, mas na verdade é diminutivo de Mississipi — o rio, não o Estado, porque de acordo com meus pais, eu fui concebida no convés de um navio-cassino quando meu pai ganhou um prêmio de cinco mil dólares".

[Quando ela quer tomar sol de topless]: "Vocês se importam se eu colocar as meninas para fora? Sabe, quero que Kim e Khloé peguem uma cor".

[Tentando incentivar Walden a namorar sua mãe]: "Se ajudar, ela acabou de recauchutar os seios. Eles usaram os meus como modelo. O médico até os colocou em seu catálogo".

Tish adora assistir a Miley no novo desafio, e no dia 1º de outubro, ela escreveu em seu blog: "Hoje foi um dia incrível! Adoro ver a Miley trabalhar. Ela me deixa tão orgulhosa, e às vezes não acredito que estamos realmente vivendo essa vida maluca. Eu me sinto extremamente abençoada! É incrível assistir à Miley trabalhando em algo que ela ama. O mais importante em Miley é que quando ela ama, ama profundamente, e quando está trabalhando, dá cento e dez por cento de si. Ela tem um amor enorme pela vida e eu adoro isso nela".

O primeiro episódio de Miley no *Two and a Half Men*, "You Know What the Lollipop is For" foi transmitido nos Estados Unidos no dia 18 de outubro, quinta-feira, às 20:30h. O segundo episódio, "Avoid the Chinese Mustard", foi ao ar em 8 de novembro, quinta-feira. Os episódios em que Miley participou tiveram algumas das maiores audiências da temporada.

VOCÊ SABIA?

Naquele mesmo dia, Miley, Liam e o resto da família Cyrus foram ver a banda de Brandi, Frank + Derol, se apresentar no show da turnê Wolfgang. Por mais ocupada que Miley esteja, ela sempre tenta apoiar seus irmãos quando pode. Ela compartilhou uma foto do lugar e Trace postou: "Minha irmã Brandi arrebentou no show hoje! Sinto muito orgulho dela por estar realizando essa turnê! Os ingressos do primeiro show se esgotaram! Bom sinal!".

O ator com quem ela contracenou, Angus T. Jones, que interpreta Jake, disse que Miley foi uma ótima atriz convidada e adoraria trabalhar com ela de novo. Ele disse à E! News: "Ela é extremamente talentosa, muito hilária, e é uma pessoa incrível no set".

Ele disse que não é a fim dela e achou o beijo entre eles estranho: "Foi bobo. Beijo técnico é uma das coisas mais tolas que um ator tem de fazer".

CAPÍTULO CATORZE

CORAÇÃO PARTIDO

Miley sempre se esforçou para manter a privacidade de sua vida pessoal no Twitter, por isso, quando ela postou: "Por que eu me torturo e PS: amo você. Ahhhhh. Preciso me recompor", os fãs acreditaram ter sido um pedido de desculpas público a Liam. De acordo com a *HollywoodLife*, ele andava insatisfeito com alguns tweets que ela vinha postando; coisas como: "Pensamento do dia: talvez a pessoa não ame menos você, mas, sim, ame o máximo que é capaz de amar", "às vezes, eu sinto que amo as pessoas mais do que elas me amam. Odeeeeio essa sensação", "Já sentiu que quer... algo mais? Não sei exatamente o que.... paixão, talvez".

A imprensa estava sugerindo que Liam parecia cansado de Miley, mas os dois surgiram juntos no clipe de "Decisions", de Borgore, o qual fora filmado no Beacher's Madhouse, em Los Angeles, o lugar onde Miley fez sua festa de dezenove anos. No clipe, uma festa intensa está acontecendo, e depois que Miley sai de um bolo e um monte de loucuras acontece, os dois trocam amassos, e Liam está usando uma máscara de unicórnio. Foi tudo muito surreal e diferente.

No dia 11 de outubro de 2012, o ex-namorado de Miley, Nick Jonas, apresentou uma música nova chamada "Wedding Bells", no Radio City, em Nova York. A letra sugeria fortemente que Nick ainda era apaixonado por Miley e antes de começar a cantar, ele disse à plateia: "Algumas coisas aconteceram no ano passado e me afetaram de um modo naquele momento, e eu tive de escrever uma música sobre aquilo naquele momento e, apesar de não ser como me sinto agora, espero que vocês consigam entender como a experiência foi para mim. A experiência de gostar de alguém e se importar com essa pessoa é incrível e precisa ser valorizada, quando há uma história. Mas conforme você segue com sua vida e se torna mais maduro, você precisa levar a experiência consigo como lembrança e não como sua realidade. Essa canção se chama "Wedding Bells".

VOCÊ SABIA?

Na música, Nick canta: "Se você se lembra, nosso aniversário é na décima primeira noite de junho". O aniversário de namoro dele com Miley era 11 de junho.

Perguntaram a Miley, uma semana depois, quando ela foi entrevistada no programa de rádio de Ryan Seacrest, se ela achava que a música era sobre ela. A resposta dela foi esta: "Não sei quem mais vai se casar... então, acho que é bem claro, tanto faz. Como eu disse, todo mundo tem de escrever canções que falem sobre sentimentos e ele até disse que não é assim que está no momento. Então, não se pode odiar alguém por escrever sobre algo que você passou. Acho que quando você namora um artista e escreve música, já pode se preparar porque provavelmente você vai ouvir coisas sobre você no rádio".

No vigésimo aniversário de Miley, no dia 23 de novembro de 2012, os ativistas dos direitos dos animais, da PETA, decidiram dar a ela um presente incomum: eles deram a ela uma porquinha resgatada chamada Nora. A vice-presidente executiva da PETA, Tracy Reiman, explicou em um anúncio à imprensa: "A PETA sabia que uma porquinha resgatada seria o presente de aniversário perfeito para uma jovem que dedica grande parte de seu tempo incentivando as pessoas a ajudarem os animais. Desde promover a adoção de animais a defender as vacas que sofrem em fazendas leiteiras, Miley não deixa de dizer a seus milhões de fãs que eles podem tornar o mundo um lugar mais gentil".

Os Smilers decidiram doar dinheiro a duas instituições de caridade em homenagem a Miley e ela ficou muito emocionada. As instituições escolhidas foram a Starkey Hearing Foundation e a Saving SPOT! Dog Rescue. Miley postou no Twitter: "Tanto amor no aniversááário!... Queria que todos os dias fossem assim ☺. Obrigada a todos os meus fãs que fizeram doações à @starkeyhearing e à @spotrescuedogs pelo meu aniversário ☺ vocês arrebentaram de novo com o melhor presente de todos!".

VOCÊ SABIA?

Miley havia enviado uma mensagem engraçadinha dois dias antes de seu aniversário, dizendo: "Se eu não ganhar pelo menos um *big booty hoe*, minhas amigas oficialmente deixarão de ser minhas amigas".

Um dia depois de seu aniversário, ela compartilhou uma foto de si mesma pulando em uma almofada com duas bexigas — uma delas no formato de um "2" e a outra no formato de um "0" — atrás dela. Ela postou no Twitter: "Noite incrível ontem. Obrigada a todos que comemoraram comigo. E sim, ganhei um *booty hoe* de aniversário".

Miley decidiu aumentar sua matilha salvando um filhotinho de cachorro, e então foi com Noah para escolher a cachorrinha, a quem ela deu o nome de Penny Lane. Ela postou uma foto no Twitter para mostrar a seus Smilers como a nova cachorrinha era pequena em comparação com sua outra cadela, Sophie, e também postou uma foto de si mesma beijando Penny. Ela postou: "Adoro a Penny Lane #rescueislove @SpotRescueDogs".

Miley estava tão animada com a nova música que estava gravando que disse aos Smilers que lançaria algo até o fim de 2012, mas não deu certo. Os fãs ficaram bastante decepcionados, pois estavam esperando desde que *Can't Be Tamed* tinha sido lançado, dois anos antes. O atraso se deveu, em parte, à mudança de gravadora, da Hollywood Records para a RCA Records.

VOCÊ SABIA?

Penny Lane acabou se tornando mais de Noah do que de Miley.

Quando um fã perguntou, no Twitter, se ela lançaria algum trabalho novo, sua resposta foi, também pelo Twitter: "Pessoal, quando um artista está criando e escrevendo uma música, as coisas não acontecem do dia para a noite nem com um prazo fixo. Ele escreve até esvaziar o coração e então vive a vida até ter histórias para contar de novo e fazer OUTRO disco".

Miley ficou arrasada quando sua cadela Lila, de dois anos, morreu em dezembro. Ela postou: "Não consigo encontrar um bom motivo para sair da cama hoje".

Mais tarde, ela explicou por que estava se sentindo tão triste: "Para quem quer saber... nunca me senti tão triste na vida. Meu coração nunca ficou tão despedaçado... Lila, minha lindinha, morreu. Arrasada. Vou ficar um tempo sem postar. Preciso de um tempo para me recuperar. Obrigada a todos que me mandaram mensagens amorosas. Estou precisando".

A mãe dela decidiu que precisava contar aos fãs o que tinha acontecido, e escreveu no blog alguns dias depois:

> Quanto à Miley, a semana foi bem difícil. Como vocês sabem, a cachorrinha adorada dela, a Lila, morreu. Todo mundo deu muito apoio a ela, e amo todos vocês por isso. A Miley amava a Lila mais do que vocês conseguem imaginar. O modo com que Lila foi tirada dela foi mais do que horroroso. Às vezes, as coisas acontecem sem que consigamos entender. Miley ainda não está pronta para falar sobre isso, mas eu achei que vocês deveriam saber o que aconteceu. Sem motivo, Ziggy agarrou a Lila. Não sei se ela estava brincando. Ela pegou Lila em um lugar sensível e Lila não sobreviveu.
>
> Por favor, compreendam que Miley não está pronta para falar sobre isso e não achamos que Ziggy seja uma cadela malvada.

Miley e Liam tomaram a difícil decisão de encontrar um novo lar a Ziggy. Eles a levaram ao SPOT! Dog Rescue e a casa nova que eles encontraram não tem crianças nem animais de estimação. Apesar de saberem que um novo lar a Ziggy era a melhor opção, ainda assim tiveram dificuldades com a decisão, porque eles a amavam demais. Miley estava tão triste que teve dificuldades para se manter positiva, mas estar perto dos outros cães fez com que ela se sentisse melhor. Ela compartilhou uma foto de si mesma abraçando e beijando seus cães com a seguinte mensagem: "A mamãe precisava exatamente disso. Esses lindinhos na Terra são o que o médico recomendou. #cachorroscuram".

Ela também postou outra foto de Mary Jane sobre seus joelhos e comentou: "Mary Jane está tentando se sentar no meu corpo como a Lila fazia. Está meio diferente #ébomsorrir". Os joelhos dela devem ter doído depois, porque Mary Jane é uma cachorrinha grande.

Na época do Natal, Miley parecia estar de volta à vida normal, o que foi um grande alívio aos Smilers, que não queriam sua ídola triste durante o período de festas. No dia 23 de dezembro, ela postou uma foto engraçadinha de si fazendo sinais de positivo, com uma boneca inflável nua sentada ao lado dela no carro. Na mensagem, estava escrito: "Ela conta como carona? Que presente de Natal legal".

Ela também postou: "Acabei de tocar violão por três horas seguidas sem me dar conta", e uma foto de si mesma ao lado de uma fogueira com a mensagem: "O tempo lá fora está péssimo... Mas a fogueira é tão boa. Pode nevar, pode nevar, pode nevaaaaar".

No dia 28 de dezembro, ela postou para seus seguidores uma foto de Floyd, Mary Jane e Happy sentados em um sofá enorme. Ela escreveu: "Minha família... só consigo pensar nos cãezinhos. Acho que estou com síndrome da obsessão por cães".

Miley logo foi ao abrigo SPOT! Dog Rescue de novo e encontrou um cãozinho novo para adotar. Ela postou uma foto de sua nova cachorrinha com a mensagem: "Conheça a Bean... Bean é uma menininha. Ela é uma mistura de chihuahua ☺ ela trouxe tanta alegria!! Adoro minha pequena Bean!".

Ela deu à cachorrinha o apelido de "meu pequeno burrito" em uma foto e os fãs logo começaram a comentar que ela era linda. Miley disse a eles: "Podem parar de me seguir se não quiserem ver cem mil fotos de Bean".

VOCÊ SABIA?

A amiga de Miley, Cheyne, flagrou Miley dormindo dentro da casa de seus cachorros abraçando Bean e Floyd, não resistiu e tirou uma foto para postar no Twitter. Miley não se importou nem um pouco.

Apesar de ter Bean e os outros cães, Miley ainda sentia muita falta de Lila, e postou uma foto das duas com a mensagem: "Sinto sua falta a cada segundo de cada dia". E então, depois: "Não sou mais a mesma desde que você se foi e não sei se voltarei a ser quem era".

CAPÍTULO QUINZE

NOVO COMEÇO

Miley estava muito ocupada em janeiro de 2013, promovendo o filme *A Super Agente*, que havia filmado com Kelly Osbourne em dezembro de 2010. Elas tinham terminado de gravar um mês depois, mas algumas cenas extras tiveram de ser refeitas em agosto de 2011. Deve ter sido estranho para Miley promover algo que ela havia feito enquanto ainda apresentava *Hannah Montana*, porque sua vida toda havia mudado muito desde então. O filme foi lançado diretamente em DVD nos Estados Unidos no dia 5 de fevereiro de 2013. Isso decepcionou muitos Smilers, que pensaram que o filme seria exibido no cinema antes.

Miley interpretou uma personagem chamada Molly Morris. Ela é uma investigadora particular contratada pelo FBI para ficar à paisana em uma república de garotas em uma universidade. Seu trabalho é proteger uma garota chamada Alex, que está correndo o risco de ser sequestrada/morta porque seu pai é uma testemunha essencial em um caso em julgamento.

No filme, o alvo do interesse amoroso de Miley, Nicholas Dexter, foi interpretado pelo ator britânico Josh Bowman. As cenas de beijo entre eles não eram nem um pouco românticas, como Miley explicou à revista *OK!*: "As pessoas têm dificuldade em pensar que as cenas não são românticas, mas a verdade é que não são mesmo. Alguém entra e passa pó em você ou nele e não é nada atraente, apesar de você estar toda maquiada, mas quando vocês se beijam e alguém grita: 'Demore mais. Use a língua! Enfie a língua!... É esquisito e embaraçoso. Você está meio anestesiado e não incomoda mais".

VOCÊ SABIA?

Josh Bowman namorou, em 2009, a hoje falecida cantora de "Back to Black", Amy Winehouse.

Miley gostou de gravar as cenas em conjunto com todas as atrizes, mas isso fez com que ela percebesse que morar com várias mulheres a deixaria maluca. Ela não teve medo de fazer as cenas perigosas, mas Billy Ray não gostou nem um pouco quando ela se pendurou na lateral de um prédio para uma das cenas. Ele preferiria que ela tivesse deixado essa tarefa para uma dublê.

Miley decidiu fazer uma nova tatuagem e escolheu fazer duas setas cruzadas atrás de seu cotovelo direito. Ela visitou a famosa tatuadora Kat Von D para sua tatuagem inspirada nos índios. Depois, Kat Von D postou o tweet: "Símbolos simples de amizade são bonitas tatuagens. <3".

Miley e Liam decidiram fazer um intervalo merecido na Costa Rica no fim de janeiro para comemorar o aniversário de vinte e três anos de Liam no dia 13 de janeiro; o ano de 2012 tinha sido muito corrido e eles precisavam passar um tempo juntos. Eles queriam sumir por um tempo, mas os paparazzi conseguiram localizá-los e tiraram fotos dos dois trocando carinhos na praia e brincando no mar. Eles estavam de férias com o irmão de Liam, Luke, a esposa dele, Samantha, e seus filhos, Holly, Ella e Harper Rose.

Enquanto estavam na Costa Rica, Miley fez um pouco de yoga ao ar livre e postou um tweet: "É raro conseguir um momento para agradecer ao universo, por meio da yoga, por todas as bênçãos em um lugar como este".

Luke e Samantha gostaram muito de viajar com Miley porque ela é muito simples. Ele disse à *Entertainment Weekly*: "Ela é ótima. Ela adora nossos filhos, e nossos filhos a adoram. Ela ganhou nosso coração. Ela é muito interessante e articulada, e madura demais para a sua idade. Mas, ao mesmo tempo, ela é muito parecida com Liam. Acho que muitas pessoas não se dão conta de que eles estão muito, muito apaixonados. São um casal perfeito de muitas maneiras".

> VOCÊ SABIA?
> Quando os jornalistas perguntaram à Miley com qual parte da vida dela ela se sentia mais satisfeita, a artista respondeu que era o momento de seu relacionamento com Liam.

Quando Miley e Liam voltaram das férias, eles tiveram de começar a trabalhar de novo. Miley queria muito preparar o terreno para o novo álbum, o qual só seria lançado em outubro, mas ela lançaria o primeiro single do disco em junho e queria muito impressionar as pessoas com sua nova direção.

Mas Miley não queria falar coisas negativas sobre outros artistas apenas para causar controvérsia e, assim, aplaudiu Ke$ha, Lady Gaga, Katy Perry e Rihanna em entrevistas por todas serem tão diferentes. Miley acredita muito que existe espaço para todos nas paradas e não é o tipo de pessoa que odeia os outros apenas pela concorrência. Ela considera Katy Perry uma boa amiga, e não permitirá que nada atrapalhe a relação delas.

> VOCÊ SABIA?
> Miley não suporta quando os artistas tentam copiar outros artistas só porque eles fazem sucesso. Ela acredita que todo mundo deve contribuir com algo novo e único.

Miley ficou muito brava quando o blogueiro-celebridade Perez Hilton postou uma matéria sugerindo que ela poderia estar traindo Liam com o ator de *Gossip Girl*, Ed Westwick. Perez escreveu: "Será que a passarinha Miley bateu asas e decidiu que era hora de trair o noivo Liam Hemsworth?".

Miley não viu graça nenhuma e postou: "@perezhilton, o que aconteceu com sua promessa de espalhar amor e não mentiras? E de ser um ser humano decente com valores e moral??? Queria saber".

Ela decidiu ir à gravação do clipe de Tiffany Foxx da música "Twisted" só para se divertir. Tiffany e Lil' Kim, que colaborou na faixa, ficaram chocadas quando ela chegou ao set. Miley e Lil' Kim vinham conversando pelo Twitter, mas as duas artistas não faziam ideia de que Miley queria se unir a elas e concordaram com sua participação no vídeo, que era uma festa agitada em uma casa.

O clima do clipe "Twisted" era de descontração e passava a vontade de se aproveitar a juventude — algo que Miley adora fazer. De fato, a festa ficou tão pesada que o dono da casa que tinha sido alugada não ficou feliz. Ao aparecer no vídeo, Miley ajudou a divulgar o vídeo de Tiffany Foxx, porque assim que ele apareceu no Youtube, os Smilers quiseram vê-lo.

VOCÊ SABIA?

Miley gravou um clip *teaser* para a faixa "Juice", de Kaptn. No clipe, ela participa de uma competição para ver quem bebe mais em uma festa animada em uma casa. Mas quando o vídeo oficial foi lançado, Miley não apareceu.

Miley também cantou com Snoop Dogg na faixa "Ashtrays e Heartbreaks", que foi lançada no dia 4 de abril, na posição número 1 da parada americana de Canções Digitais de Reggae. A música foi incluída no álbum *Reincarnated*. Na canção, Miley canta o *gancho* [refrão].

CAPÍTULO DEZESSEIS

NÃO PODE PARAR

MILEY ESTAVA ANSIOSA PARA PARTICIPAR DA FESTA DO OSCAR NO DIA 24 DE FEvereiro de 2013, no Dolby Theatre, em Hollywood, mas, uma semana antes, ela começou a sofrer com uma forte enxaqueca. As últimas semanas tinham sido muito agitadas, pois Miley estivera em estúdio dando os toques finais em seu álbum e participou também da New York Fashion Week.

VOCÊ SABIA?
Miley passou o Dia de São Valentim, o equivalente para nós ao Dia dos Namorados, na apresentação da Marc Jacobs Collection com a mãe e a supermodelo Cara Delevingne.

A dois dias do Oscar, Liam foi à festa pré-Oscar Grey Goose no Chateau Marmont. Ele esteve com Taylor Lautner, Tobey Maguire, Josh Hartnett e muitos outros atores e atrizes. O site de fofocas *HollywoodLife* disse que Liam havia saído de carro com a atriz de *Mad Men*, January Lopes, no fim da noite. Vários sites de fofoca sugeriram que Liam havia traído Miley, mas nenhuma nota foi de fato lançada.

Miley também saiu, mas ela foi à festa pré-Oscar do fotógrafo Mario Testino. Ela se divertiu muito com a estrela de reality show, Kim Kardashian, e as supermodels Gisele Bündchen e Naomi Campbell no evento que marcou a abertura da nova galeria de arte de Testino.

A noite seguinte era a do Oscar, e Miley não perderia a lendária festa de Elton John, a AIDS Foundation Academy Awards Viewing Party, realizada no Pacific Design Center, em West Hollywood. Ela usou um vestido longo branco frente única, da Azzaro, sapatos Givenchy e pulseiras de diamante da Lorraine Schwartz. No ano anterior, ela foi com Liam, mas em 2013, levou sua mãe como acompanhante. Assim que entraram, Miley e Tish encontraram Kelly Osbourne e Kim e Kourtney Kardashian. Miley postou no Twitter uma foto divertida de Elton ganhando um beijo dela e de Kelly, com a mensagem: "Amo isso!".

Enquanto isso, os tabloides não paravam de falar sobre Liam e January Lopes, o que deve ter sido difícil para Miley enfrentar. Há alguns dias, ela havia deixado de usar a aliança de noivado, o que fez com que mais histórias sensacionalistas fossem escritas sobre ela. Miley indicou aos Smilers que estava passando por dificuldades quando postou o seguinte tweet: "Estou cansada de Los Angeles. E cansada das mentiras que nascem aqui. Não cancelei meu casamento. Estou dando um tempo das mídias sociais. #esgotada. Só vou falar sobre a minha música a partir de agora... Minha música nova vai calar a boca de todo mundo".

Miley quis voltar a se divertir e compartilhou um vídeo dançando e rebolando com a música "Wop", de J Dash. Ela usava um macacão de unicórnio naquele dia, e por isso foi difícil identificá-la, porque ela ficou com o capuz até o fim. Se você ainda não viu, entre no YouTube e procure por "Miley Cyrus unicorn twerk video".

Miley não planejava gravar o vídeo e ele foi filmado com a câmera de um telefone num fundo branco. Ela havia acabado de fazer uma sessão de fotos e, então, decidido usar o macacão em vez de usar as próprias roupas; ela queria dançar e pediu para uma amiga filmar a performance.

Assim que o vídeo foi publicado, ele se tornou um enorme sucesso geral, com os Smilers e não Smilers. Rapidamente, o vídeo se tornou viral e um sucesso enorme no mundo todo, visto mais de seis milhões de vezes.

Miley ficou surpresa e disse a Ryan Seacrest em seu programa de rádio: "Não acredito que tantas pessoas achem que eu rebolo bem — o que é uma bobagem —, como se meu objetivo de vida tivesse sido alcançado... achei tão estranho, mas fico feliz que todo mundo entenda meu bom humor. Não dá para explicar [o rebolado]... É algo que vem naturalmente... É muita movimentação do traseiro".

Miley, então, voltou para ver Kat Von D e fez uma tatuagem de coração no braço esquerdo. A tatuagem era baseada nos corações anatômicos de Leonardo da Vinci, por isso são muito realistas. Apenas uma tatuadora altamente habilidosa como Kat Von D tentaria fazer um desenho tão complexo. Kat Von D postou no Twitter: "Acabei de fazer a tatuagem mais INCRÍVEL na @MileyCyrus — um desenho miniatura de um coração anatômico de daVinci! <3 Foi uma tatuagem muito desafiadora e divertida que fiz".

A *HollywoodLife* tentou criar uma nova versão da história do rompimento de Liam/Miley e postou duas matérias dizendo que Miley havia saído para almoçar com Nick Jonas. A "fonte" foi muito vaga e disse: "Eles pareciam estar em uma reunião de negócios — estavam ao telefone e então se foram sem qualquer incidente".

Miley logo revelou que a "fonte" deveria estar mentindo quando postou: "Não vejo o Nick Jonas há anos, literalmente. Não acreditem em tudo o que leem, pessoal. Por que as revistas publicam tanta m****. Vejam a minha foto de perfil. Vejam o meu dedo. Idiotas. Eu não teria como "encontrar" ninguém porque não saio de casa para comer há semanas devido à quantidade de paparazzi do lado de fora. #rapunzeldecabeloscurtos".

Miley e Liam pareciam ter se acertado de novo algumas semanas depois. Em abril, a revista *Elle* publicou uma entrevista na qual perguntavam a Miley sobre Liam. Ela respondeu: "Temos uma casa e cães juntos. Parece o normal estar usando esta aliança e estarmos noivos. Mas mantemos o relacionamento com discrição e não falamos mais sobre ele. Fomos muito bacanas com o mundo e demos muitas informações — sobre a minha vida, os meus cães e minha casa —, e acho que as pessoas não merecem mais esse privilégio. Como no meu Twitter, sou muito mais... nada conservadora, mas vocês não veem uma foto de meus cães. Vocês não veem mais coisas pessoais".

Eles não revelaram quando Miley deu a entrevista, por isso os Smilers não sabiam ao certo se tinha sido feita antes ou depois do Oscar.

Perguntaram ao pai dela, na *Nightline*, no dia 16 de abril, se ele achava que eles se casariam. Billy Ray respondeu: "Não sei, eu deixo rolar, sei que o que tiver de acontecer, vai acontecer. Eles são jovens. Nem jovens. O bom é que são bons amigos. São amigos de verdade. E quando nos casamos, a amizade é muito importante, sabe?".

Em maio, Miley comemorou seu primeiro lugar na lista Hot 100, da *Maxim*, conquistando título que em 2012 havia pertencido à modelo Bar Rafaeli. Ela contou a novidade a seus fãs começando a usar o Instagram e postando uma foto feita pelo fotógrafo da *Maxim*. Miley voltara atrás a respeito da publicação de fotos pessoais, e acabou compartilhando algumas fotos de seus cães. Ela também provocou os fãs dizendo: "Talvez vocês tenham uma novidade no próximo @billboard music awards! Talvez... Uma... Músicaaaa".

O Billboard Music Awards foi realizado no dia 20 de maio no MGM Grand Arena em Las Vegas. Miley queria compartilhar sua música nova com o mundo há tanto tempo, que estava mais do que animada para apresentá-la pela primeira vez. Ela queria que as pessoas adorassem sua música, mas acreditava que mesmo que elas não gostassem, ela própria a amaria muito. Ela confessou à *Billboard*: "Não fiz essa música para os críticos, mas para as pessoas que a vivem... Tenho vinte anos e quero falar com as pessoas que passam a noite acordadas com seus amigos. Ela é baseada em uma história real de uma noite maluca que vivi: quando escutei a música pela primeira vez, ela captou exatamente o que eu estava vivendo".

Miley ficou feliz quando "We Can't Stop" foi lançada no dia 3 de junho. Ela adorou cada segundo da gravação do vídeo, que era uma festa agitada com muito rebolado, ursos enormes, garotas e coisas malucas acontecendo. Foi uma versão adulta de "Party in the USA", com referências ao requebrado e ao uso de drogas. Ela pretendia que o clipe fosse ainda mais ousado, mas algumas das cenas tiveram de ser cortadas; no vídeo, ela leva uns tapas, mas originalmente, ela também deu tapas.

A roupa principal de Miley no vídeo tinha sido inspirada por seu amigo e produtor Pharrell Williams, que dissera: "Não é a roupa que você está vestindo, mas o modo com que a veste". Ela não precisava de uma roupa tipicamente sexy para ser sexy, ela podia vestir qualquer coisa que sua atitude deixaria a roupa sexy. Miley confessou para a *Harper's Bazaar*: "Sinto que toda garota está tentando fazer fotos bonitas e provar que é 'fashion'". Mas posso estar usando uma legging branca com um top branco e então estarei num outro nível porque essas meninas nem sequer entendem porque não sabem como fazer".

Quando lançou o vídeo, ela recebeu um tweet muito especial de um de seus ídolos, Britney Spears. Britney escreveu: "Estou amando seu clip de #WeCan'tStop! Talvez você possa me ensinar a mexer o traseiro um dia desses. HAHA".

Miley respondeu: "Podemos fazer isso se você me ensinar uns passos da música 'Slave for you' (estou treinando há 10 anos)".

O vídeo "We Can't Stop" de Miley foi totalmente diferente de seus vídeos na época de *Hannah Montana*. Ela explicou ao *Daily Star Sunday*: "Acho que não precisei exorcizar a Hannah porque acho que as pessoas sabiam que eu era diferente dela na vida real... A maioria das pessoas na Disney age como se realmente fossem os personagens, mas eu nunca senti a necessidade de fazer isso. Nunca fingi ser tão boa quanto o que a Disney escreve. Eles tentam fazer uma pessoa não crescer, mas isso não é possível na vida real, para pessoas normais... Se estou fazendo alguma coisa, vou fazer direito, mas quando estiver fora desse personagem, vou fazer as coisas do meu jeito".

"We Can't Stop" tinha sido escrita originalmente para Rihanna, mas ela acabou não ouvindo a música porque escolhera o single "Pour It Up" um pouco antes de o produtor da música, Mike Will, mostrá-la para ela. A letra realmente significou algo a Miley porque ela acredita que "podemos amar quem quisermos".

Ele disse à MTV: "Ela [Miley] gostou, então eu pensei que arrebentaríamos, e acabamos seguindo, a vibe foi boa, ela é muito bacana, uma pessoa comum. Fomos em frente, ela fez o álbum, e fez do seu jeito. Então, o som é totalmente diferente do que tentamos criar originalmente".

Miley insistiu em dizer à *Rolling Stone* que a parte do "dancing with Molly" não foi uma referência à droga Ecstasy. Ela disse à revista: "Eu sabia que as pessoas tentariam entender o que digo naquela música... Tenho sotaque, então quando digo 'Miley', pode parecer 'Molly'. Não se pode dizer 'Molly' no rádio, então é claro que é 'Miley'. Você já ouviu [a letra de "Believe It", do rapper Rick Ross]: 'I got a bad b**ch in my Chevy / Sellin' Miley Cyrus in my brand-new Monte Carlo'? As pessoas se referem à [cocaína] como 'Miley Cyrus'... então, mesmo que eu esteja dizendo 'Miley' [na minha música], as pessoas podem ver algo de errado".

Depois de promover o single o máximo que pôde, Miley teve tempo para descansar um pouco e escolheu relaxar nas Bahamas. Apesar de ter sido vista por alguns fãs, ela não se importou em tirar fotos. Ela andava muito ocupada promovendo "We Can't Stop" no *Jimmy Kimmel Live*, em Los Angeles, um dia, e então tendo de ir para Nova York para promovê-la no *Good Morning America*. Ela deu tantas entrevistas que ficou difícil dizer quantas, exatamente.

VOCÊ SABIA?

Algumas pessoas tentaram dizer que Miley estava imitando Nicki Minaj, mas ela negou. Nunca tentaria copiar outro artista.

Quando Jay-Z mencionou Miley em sua faixa "Somewhere in America", ficou claro como o requebrado, ou *twerking*, dela havia se tornado icônico. Jay-Z podia até estar tirando sarro de Miley, mas isso não importava.

Um fã perguntou a ele no Twitter: "Você realmente acha que Miley Cyrus está requebrando nos Estados Unidos?", e ele respondeu: "Sim! Ela representa o pior pesadelo de um mundo velho. Vizinho negro, e a filha não vê problema na cor".

Miley decidiu se pronunciar depois de receber uns tweets negativos a respeito do modo com que mexia o traseiro. "Podem chamar do que quiser. Mas não vejo o Sr. Carter gritando para nenhum de vocês. #twerkmileytwerkMiley. Exatamente isso. Sou o pior pesadelo de um mundo velho. #foravelho #chegandocomonovo".

VOCÊ SABIA?

No dia 17 de junho, Miley e Liam foram fotografados no cinema — estas foram as primeiras fotos que os paparazzi conseguiram fazer dos dois juntos em cinco meses.

Miley teve de promover "We Can't Stop" no mundo todo. Em Londres, ela disse à *Sunday People*: "Só trabalho, então como para seguir em frente... Estou sempre na estrada, por isso como de modo saudável para dar a meu corpo as coisas que ele precisa. Quem não faz isso, acaba se dando mal. O lado ruim das viagens é que não consigo me exercitar. Faço yoga e então saúdo o sol todos os dias, e então faço trinta flexões, tentando fazer coisas rápidas — não para manter a forma, mas para deixar minha mente legal".

Ela não gostou do modo com que a MTV UK editou seu vídeo antes de mostrá-lo e quando a *Sunday People* pediu sua resposta a quem dizia que o vídeo era provocador demais, ela respondeu: "Então, vou lhe dar um vídeo editado. Acho que o mundo é muito esquisito, porque tudo bem atirar em pessoas em um filme e inocentar pessoas como [George] Zimmerman, mas uma pessoa não pode fazer assim [ela fez um gesto de sexo oral], acho muito idiota... O mundo é um lugar tão fo**** que a última coisa com que as pessoas precisam se preocupar é com meu clipe bonitinho de 'We Can't Stop', sabe?".

Miley podia estar irritada, mas em pouco tempo ela voltou a sorrir de orelha a orelha quando descobriu que tinha quebrado um recorde na VEVO. "We Can't Stop" tinha sido visto 100 milhões de vezes, tornando-se o primeiro vídeo a conseguir tal número em tão pouco tempo. Ela postou: "Conseguimos 100 milhões de visualizações?!?!?!... Conseguimos! Quebramos o recorde na VEVO! 100 milhões de visualizações em 37 dias!!! Edição dos diretores em breve!".

Miley havia prometido aos fãs que, se conseguissem quebrar o recorde, ela compartilharia uma nova versão do vídeo. Ela havia perdido para o One Direction alguns dias antes quando eles bateram seu recorde na

VEVO com mais visualizações em 24 horas. "Best Song Ever" foi visualizado 10,9 milhões de vezes, um pouco mais do que "We Can't Stop", de Miley, que tinha sido visualizado 10,7 milhões de vezes.

A versão editada pelo diretor do vídeo foi um grande sucesso com os fãs. Eles acharam que a diretora, Diane Martel, tinha conseguido captar algo especial. Miley concordou, e disse à MTV que eles receberam permissão para fazer o que queriam. Ela disse: "Eu e Diane tínhamos uma visão que não conseguíamos explicar às pessoas. Elas tiveram de confiar e eu meio que disse: 'Confiem em mim nessa e se for a melhor coisa que me acontecer, vocês sabem que continuarão acreditando em mim. E se não for, não precisam confiar em mim nunca mais'. Como se deu muito bem, e atualmente está com cem milhões de visualizações, e como lançamos a versão editada pelo diretor e os fãs estão adorando, o vídeo conseguiu exatamente o que eu queria que conseguisse, que foi meio dominar a internet, se tornar viral e ser algo diferente e divertido".

> VOCÊ SABIA?
> Diane Martel também dirigiu "Blurred Lines", de Robin Thicke.

"We Can't Stop" foi um grande sucesso pelo mundo. Ficou em primeiro lugar no Reino Unido e na Nova Zelândia, foi número 2 nos Estados Unidos, número 3 no Canadá e na Noruega, número 4 na Austrália e número 5 na Espanha e na Suécia. Miley ficou extremamente feliz porque os Smilers gostaram da nova direção e ficou muito ansiosa para lançar o single seguinte.

CAPÍTULO DEZESSETE

VOANDO ALTO

ALÉM DE PROMOVER SUA MÚSICA, MILEY CONTINUAVA INTERESSADA EM AJUDAR outros artistas. Ela colaborou com seu amigo produtor Mike WiLL Made It em seu primeiro single, "23", juntamente com Wiz Khalifa e Juicy J.

Miley explicou como se envolveu. Disse: "Ele [Mike WiLL Made It] tinha a faixa '23' com Wiz e Juicy pronta, e é bem bacana, com umas coisas meio antigas do J e tal, e é o que tem de mais legal... E as pessoas não esperariam que eu participasse de uma música sobre Jordan... no momento, tudo o que elas veem entre Juicy e eu é quando vou ao show dele toda doida, elas não veem o que fazemos quando estamos juntos, é louco, uma vibe louca, porque não é o que as pessoas esperariam".

Ela também trabalhou com o rapper French Montana em um remix de sua faixa "Ain't Worried About Nothin". Mas ela recebeu muitos tweets negativos quando a música foi lançada porque Montana usa a palavra "nigger' (palavra ofensiva para "negro"). Miley não a disse, mas isso não impediu que pessoas a ofendessem. Ela postou em reposta: "Sei como a minha pele é... podem parar com os lembretes simpáticos, cadelas". Ela também postou uma foto com a letra de "We Can't Stop": "It's my mouth I can say what I want to" [A boca é minha e eu posso dizer o que eu quiser].

VOCÊ SABIA?
Em julho de 2013, Miley posou nua para uma campanha de Marc Jacobs para arrecadar dinheiro para o New York Skin Cancer Institute.

Miley não foi ao 2012 Teen Choice Awards para poder estar com Liam, mas os dois quiseram ir ao evento de 2013. Ela usou uma roupa de Yves Saint Laurent — uma blusa transparente com um top de couro, uma minissaia de couro e saltos meia pata na cor branca.

Miley receberia o Candie's Fashion Trendsetter Award, o Choice TV Scene Stealer Award (por *Two and a Half Man*) e o Choices Summer Song por "We Can't Stop". Liam não receberia prêmio algum, mas apresentaria dois dos prêmios de atuação, para Rebel Wilson e Skylar Astin,

Quando Miley pegou seu prêmio do Teen Choice por ter sido a vencedora do prêmio Candie's Fashion Trendsetter Award, como um ícone da moda, ela disse à plateia o que significava para ela receber um prêmio daquele tipo: "Sabe, para lançar moda, você precisa ter um grupo incrível de pessoas que seguem suas tendências, por isso quero agradecer a todos os meus fãs por me seguirem e por se inspirarem, e por serem tão originais e diferentes... A moda tem a ver com isso mesmo. Peço a vocês para sempre serem diferentes".

Ao aceitar o prêmio Choice Summer Song Award, ela disse que Liam era seu amor. Ela disse: "Tenho de começar, claro, agradecendo a meus fãs incríveis, a meus Smilers, por fazer isso acontecer para mim... Claro, Mike WiLL Made It, que me colocou no esquema com 'We Can't Stop' e minha família na Máfia Made It. Todo mundo de meu selo, minha equipe... Minha família, meus amigos, meu amor... todo mundo que tornou isso uma realidade para mim. É muito legal. Então, obrigada, pessoal, muito obrigada. Não podemos parar, não vamos parar!".

Miley queria muito promover o filme mais recente de Liam, *Paranoia*, então, quando ele foi lançado no dia 16 de agosto, ela postou: "Assistam ao @ParanoiaMovie. O protagonista @LiamHemsworth é bem bonito".

VOCÊ SABIA?

Apesar de ter uma conta no Twitter, Liam não gostava muito de postar coisas ou fotos pessoais. Miley gostava de se gabar de como ele era bonito, mas Liam proibia "selfies sem camisa".

Miley decidiu aumentar sua coleção de tatuagens e decidiu fazer uma tatuagem de um marfim no braço direito e "Rolling $tone" na sola dos pés. Ela decidiu fazer a tatuagem inspirada na *Rolling Stone* para se divertir e porque ela queria comemorar sua primeira capa para a revista.

"As pessoas tatuam as coisas mais fo****s", ela disse em entrevista. Vocês sabiam que Alec Baldwin tatuou as iniciais de Hannah Montana? Não, espere... Stephen Baldwin. Ele disse que era meu maior fã e eu disse a ele que meus maiores fãs têm tatuagens. Então. Ele tatuou 'hm' no ombro... As pessoas fazem coisas fo****s".

CAPÍTULO DEZOITO

CHOCANDO O MUNDO

MILEY ESTAVA MUITO ANIMADA COM O MTV VIDEO MUSIC AWARDS, POSTANDO no Twitter para seus fãs algumas fotos de si mesma lambendo um dos prêmios que seriam entregues no dia 25 de agosto de 2013. Ela disse à MTV enquanto filmava uma vinheta para o programa: "Vai ser o máximo quando eu receber meu VMA, meu Moonman, primeiro porque já dei uns beijos nele, então agora ele precisa ir para casa comigo... e, segundo, acho que meus fãs são bem malucos... e eu acredito muito que sua palavra é sua varinha de condão, então, se eu coloco dúvida no caminho, não é certeza de que vou conseguir. Se eu só disser 'Eu vou', talvez os Smilers façam acontecer, mas se não, já o segurei e tirei uma foto com ele, então vou dizer às pessoas que ganhei mesmo se não ganhar".

Miley concorria a três prêmios: Melhor Vídeo Feminino, Melhor Edição e Melhor Música do Verão com "We Can't Stop". Mas ela estava totalmente focada em sua apresentação, que ela esperava que ficasse na história do VMA. Miley não queria estar entre os vinte melhores artistas, nem entre os dez melhores... ela queria ser o número 1. Afinal, ela havia dedicado muitas horas ensaiando com os dançarinos para ter certeza de que tudo estava certo: ela queria que fosse mil vezes melhor do que o vídeo; queria que cada uma das pessoas sentisse que estava participando do vídeo.

Miley disse aos fãs que quem iria com ela era seu "amor", mas na verdade, em vez de Liam, ela levou um urso de pelúcia gigante. Ela compartilhou algumas fotos do urso e confessou que revelaria a arte da capa de seu álbum em breve.

A roupa de Miley para o tapete vermelho no VMAs foi um vestido Dolce & Gabbana de 1992. Ela o adorou pelo fato de ele ser do mesmo ano em que ela nasceu. Na apresentação, ela usou um colete com estampa de urso de pelúcia, que logo tirou revelando o sutiã e uma calça de látex cor da pele.

VOCÊ SABIA?

Miley não consegue entender por que as pessoas são tão negativas quando ela usa as roupas de show, mas acredita que elas têm medo da autoconfiança que ela demonstra ter. A artista não é o tipo de mulher que se conforma e não se importa com o que as pessoas pensam. Quando dizem que ela é sexy, ela agradece; sente-se honrada por ver que as pessoas pensam assim.

Miley certamente deu a seus Smilers e ao mundo algo sobre o que falar. Lady Gaga pode ter encerrado sua performance de "Applause" vestindo um biquíni de concha, mas foi a apresentação de "We Can't Stop" com Robin Thicke que vai ficar na história.

Miley deu início à performance cheia de energia saindo da barriga de um urso de pelúcia gigante. Ela dançou e requebrou com os dançarinos vestidos de urso de pelúcia. Ela cantou "We Can't Stop" antes de Robin Thick subir ao palco e, juntos, eles apresentaram o sucesso "Blurred Lines". Ela se inclinava e girava com um dedo de espuma, tocando a si mesma e Robin. Enquanto Robin permanecia bem atrás dela, ela fez várias referências sexuais; ela até chegou a lamber o pescoço dele enquanto ele cantava.

Enquanto o MTV VMAs permaneceu no ar, a apresentação de Miley foi a mais comentada no Twitter, mais do que qualquer outra – incríveis

306 mil tweets foram enviados por minuto. Houve três vezes mais tweets sobre Miley do que o máximo obtido no show todo de 2012. No total, ela foi mencionada 4,5 milhões de vezes. Miley apresentou "We Can't Stop", mas a performance fez com que downloads de seu novo single, "Wrecking Ball" fossem às alturas. O segundo single de seu álbum *Bangerz* tinha sido lançado naquele dia.

Algumas pessoas disseram que a apresentação de Miley tinha sido um show de horrores e a criticaram por ter mulheres negras como dançarinas de apoio, anãs e Amazon Ashley, com mais de dois metros de altura, fazendo o "twerking" no palco. Elas se enganaram pensando que Miley as estava usando como adereços. Sua figurinista, Lisa Katnic, disse à *The Cut*: "Sinto muito por quem teve de assistir pela TV. Foi um espetáculo ao vivo. Alguém disse que era racismo que uma garota branca usasse três garotas negras como adereços no palco para beneficiá-la... É falta de informação, porque [as dançarinas] L.A. Bakers participam do vídeo [de "We Can't Stop"]. Agora, Miley e as L.A. Bakers são amigas, e Amazon Ashley? Elas são amigas na vida real. Saem juntas para almoçar".

VOCÊ SABIA?

O inventor do dedo de espuma ficou chateado com os gestos que Miley fez durante a apresentação e disse que ela havia degradado um ícone.

A apresentação de Miley também foi criticada por uma das anãs que se apresentou no palco com ela. Hellis Jane escreveu em seu blog: "Nunca participei de uma apresentação na qual fosse apenas satirizada... Nunca me esquecerei daquela apresentação porque ela me forçou a determinar um limite pessoal... adoro ser o centro das atenções, mas aquilo foi diferente. Estavam olhando e rindo de mim pelos motivos errados. Eu estava sendo vista como um adereço... como algo menor do que um ser humano".

Hollis tinha sido convidada a viajar em turnê com Miley, mas decidiu não ir, por se sentir desconfortável. Ela não tinha nada contra as "pessoas pequenas" que gostaram de participar do show de Miley, mas aquilo não servia para ela.

Miley achou estranho ter sido tão criticada enquanto Robin Thicke foi praticamente poupado. As pessoas julgaram a apresentação como quiseram julgar, sem analisar mais profundamente. Os ursinhos de pelúcia tinham sido feitos pelo artista Todd James e havia quadros falsos de Picasso pelo palco, mas quase ninguém notou.

> VOCÊ SABIA?
>
> Em uma entrevista com Oprah Winfrey, Robin Thicke teve de responder se sua dança com Miley tinha sido sexual. Ele pareceu culpar a cantora, dizendo: "Bem, eu estava no palco, [então] não vi isso... Então, para mim, estou andando em direção a Miley, não estou pensando em sexo, estou pensando em diversão... Estou cantando pra caramba. Estou cantando e olhando para o céu, cantando sem prestar atenção a tudo aquilo. Foi coisa dela".

Os amigos de Miley decidiram defendê-la em uma série de tweets que enviaram no dia seguinte ao MTV VMA. A ex-vencedora do *American Idol*, Kelly Clarkson, havia postado: "Vi algumas apresentações no VMA ontem à noite. 2 palavras: #stripperstenebrosas".

O amigo de Miley, o blogueiro-celebridade Dominic Riccitello, ficou muito bravo e postou: "Kelly Clarkson chamou Miley de stripper tenebrosa. Vocês acham que ela está brava porque seus últimos singles foram um fracasso e ela não foi convidada para se apresentar?".

O melhor amigo de Miley, Cheyne Thomas, pareceu ter ficado mais bravo ainda, e postou: "@DominicScott e ela é gorda e tem 30 anos... os motivos pelos quais Kelly Clarkson é amarga poderiam ser citados durante o dia inteiro...".

O novo empresário de Miley, Larry Rudolph, ficou extremamente feliz com a apresentação dela no VMA e com o burburinho que causou.

Ela contratou Larry em 2012 depois de dizer adeus a seu empresário de longa data, Jason Morey. Larry é mais conhecido por ter sido empresário de Britney Spears, mas também foi de Will.i.am, Nicole Scherzinger e Justin Timberlake.

Miley e sua família ficaram contentes também e decidiram ignorar as matérias negativas escritas sobre ela nos dias seguintes. Mesmo se Miley tivesse se arrependido, ela não teria se desculpado, porque aprende com todas as experiências. Em seu documentário na MTV, *Miley: The Movement*, que foi ao ar no dia 2 de outubro, ela revelou: "Não presto atenção ao negativo... Já vi isso acontecer muitas vezes. Quantas vezes já vimos isso na música popular? Madonna já fez isso. A Britney também. Todos os artistas que se apresentaram no VMA estão querendo isso, estão querendo fazer história".

Blogueiros de fofoca publicaram notas dizendo que Liam não tinha gostado nem um pouco da apresentação e que o noivado do casal tinha sido cancelado, mas nenhum comunicado oficial foi feito por eles. Muitas pessoas também começaram a tirar sarro de Miley e de sua língua depois da apresentação, mas ela encarou tudo com bom humor. Mostrar a língua se tornou sua marca registrada e, um tempo depois, ela escorregaria de uma língua gigante na abertura de seus shows do álbum *Bangerz*.

VOCÊ SABIA?

Depois do VMAs, Miley e Justin Bieber lançaram uma canção nova chamada "Twerk". Era uma *club track*, de apenas dois minutos e meio. Nela, Miley canta: "I came up at this party time to twerk!" ("Vim a esta festa para fazer o *twerking*!"). É uma faixa divertida, que vale a pena conferir no YouTube se você ainda não viu. Eles a tinham gravado meses antes do VMAs, com o amigo de Justin, Lil Twist, e o produtor Maejor Ali.

VOCÊ SABIA?

Miley gostaria de conseguir tocar o nariz com a língua e fazer outras brincadeiras, mas não consegue. Ela começou a mostrar a língua ao posar para fotos porque não fica à vontade tirando fotos.

Os Smilers ficaram sem palavras quando viram o vídeo da música "Wrecking Ball", lançado no dia 9 de setembro de 2013. Dirigido por Terry Richardson, o vídeo assombrosamente belo é totalmente diferente do clipe de "We Can't Stop". Nele, Miley está em cima de uma bola de demolição, quebrando paredes e lambendo uma marreta. É um vídeo com conotação sexual, graças ao fato de Miley estar nua, usando apenas um par de botas, mas também mostrou seu lado vulnerável. Seus olhos estão cheios de desespero e tristeza enquanto ela canta. Gravar o vídeo foi emocionalmente forte para Miley, pois ela tem dificuldade em chorar na frente das pessoas.

VOCÊ SABIA?

Para parecer tão triste e desesperada, Miley pensou em sua cadela Lila, de quem ainda sente falta todos os dias, por isso foi um pouco menos difícil chorar.

A ideia original era que Miley deveria apenas olhar para a marreta e não beijá-la, mas quando o diretor Terry Richardson pediu para ela fingir estar apaixonada pela marreta, ela colocou a língua para fora. A equipe ficou preocupada, porque a marreta estava pintada, mas Miley não se importou. Ela a lambeu e beijou porque pensou que ficaria ótimo na edição final.

Algumas pessoas pensaram que Billy Ray se oporia ao fato de Miley ter se despido no vídeo, mas ele não teve problema algum com isso. Billey sempre será o fã número um da filha, independentemente do que ela faça, e acha "Wrecking Ball" uma música ótima. O pai de Miley disse no *Entertainment Tonight*: "Não importaria se Miley tivesse usado calça jeans e camisa de flanela, um smoking ou o hábito de uma freira, sua performance vocal reflete suas raízes e o talento que Deus lhe deu".

Algumas semanas antes, o *Entertainment Tonight* havia perguntado o que ele achara da apresentação da filha no VMA e a resposta foi: "Ela ainda é minha filha e eu ainda sou seu pai, não importa como o circo do *show business* acontece. Eu a amo incondicionalmente e isso nunca vai mudar".

Miley se sentiu muito feliz quando o vídeo de "We Can't Stop" quebrou o recorde de clipe que mais rapidamente alcançou 100 milhões de visualizações na VEVO, mas ficou extática quando "Wrecking Ball" ultrapassou essa marca. "We Can't Stop" demorou 37 dias, enquanto "Wrecking Ball" levou apenas seis dias para ser visto 100 milhões de vezes. Miley ficou extremamente feliz e postou no Twitter: "Wrecking Ball quebrou o record! #100milhões #oficial COMEMOREM HOJE #SMILERZ Amo vocês mais do que qualquer coisa no mundo".

Ela incentivou os Smilers a continuarem assistindo ao vídeo, postando: "Vamos chegar aos 150 milhões #vevo #wreckingball #ediçãododiretor".

"Wrecking Ball" foi um sucesso enorme no mundo todo. Alcançou a primeira posição nos Estados Unidos, Reino Unido, Albânia, Canadá, Hungria, Israel, Líbano, México e Espanha; segundo lugar na Austrália, Áustria, República Tcheca, França, Grécia, Irlanda, Nova Zelândia e Noruega; e terceiro lugar na Itália, em Luxemburgo e na Suécia.

VOCÊ SABIA?

Miley sempre soube que "Wrecking Ball" seria um enorme sucesso, mas um dos produtores da música, Dr. Luke, não estava tão confiante e não pensou que chegaria ao topo das paradas nos Estados Unidos. Para brincar, Miley apostou um vaso sanitário Numi que a música chegaria às paradas, sim. Foi uma aposta cara, já que cada vaso da marca custa 10 mil dólares.

Em setembro, representantes de Miley e de Liam confirmaram à revista *People* que eles tinham terminado. Um dia depois, Liam foi fotografado dando um beijo tórrido na atriz/cantora mexicana Eiza Gonzalez, em Beverly Hills. Os dois tinham sido fotografados dançando juntos em uma boate em Las Vegas alguns dias antes.

Os Smilers ficaram chocados ao ver que Liam havia partido para outra tão depressa. Postaram muitos tweets em apoio a Miley e a mãe dela compartilhou as mensagens. "2013 – O ano da Miley". Mais tarde, ela postou: "Adoro ver que o plano de DEUS é SEMPRE perfeito!".

Miley não comentou sobre as fotos de Liam e Eiza, e apenas promoveu o MTV Europe Music Awards, que aconteceria em Amsterdã em 10 de novembro.

Ela foi indicada a três prêmios: Melhor Vídeo com "Wrecking Ball", Melhor Cantora e Melhor Música Popular. Ela estava focada em sua música e postou: "#1 na Billboard. #1 no iTunes. #1 no Spotify. #1 no Streaming. #1 no Digital Songs. #1 mais adicionada à rádio popular. #1 na VEVO. #WreckingBall".

Miley havia deixado de seguir Liam no Twitter, o que mostrava que ela estava continuando sua vida e olhando para o futuro. Ela postou: "Só queria dizer que amo todos os meus fãs. Não só por essa semana incrível com 'WreckingBall' (OBRIGADA), mas porque sim...<3".

Nos dias seguintes, a imprensa tentou sugerir que Miley havia esquecido Liam e estava namorando seu amigo produtor Mike WiLL Made It. Ela só havia abraçado Mike em público depois de ele ter ido a Las Vegas para apoiá-la quando ela se apresentou no iHeart Radio Music Festival.

Um porta-voz de Miley disse ao *E! News*: "Eles têm passado muito tempo juntos porque estão trabalhando juntos no álbum da Miley. [Eles são próximos] profissionalmente e só tem a ver com a música".

Mike não acreditou que ocorreram boatos de um namoro entre ele e Miley. Ele postou: "É maluco como as pessoas tiram coisas de onde não existe nada". Em seguida, ele compartilhou um link de uma matéria confirmando que não estava acontecendo nada entre eles. Mas a imprensa não deixou Miley em paz e, uma semana depois, disse que ela estava se relacionando com outro de seus amigos, dessa vez, Juicy J. Miley achou hilário e postou: "Acordei com a notícia de que estou grávida do @therealjuicyj". Ela fez piada com Cheyne, dizendo que obviamente batizaria o bebê como "Juicy J. Jr.".

VOCÊ SABIA?

Sempre que Miley passa por rompimentos difíceis, ela tenta ver o lado bom da vida e continua sorrindo. Ela já disse que quando está se sentindo triste, lê a Bíblia e se sente melhor. Após um rompimento, ela postou: "Recorrendo ao único homem que cumpre o que promete. O único homem que realmente sabe o que é 'amor incondicional': Jesus".

CAPÍTULO DEZENOVE

BANGERZ

Miley estava feliz solteira e não pretendia entrar correndo em outro relacionamento. Ela estava gostando de poder fazer exatamente o que queria o tempo todo e de estar sozinha. É claro que ela não ficaria solteira para sempre, mas ainda não estava pronta para começar a namorar de novo. Ela postou muitos tweets dizendo que estava feliz, como: "Estou exausta por tanta felicidade, po***. Estou na cama às 9:45 e me sinto tão bem".

"Comendo manga na cama. Repito: a mulher mais feliz do mundo".

E ela fez outra tatuagem no dia 4 de novembro de 2013: uma foto de sua "Mammie", embaixo da tatuagem de coração. Ela postou uma foto da tatuagem com a mensagem: "Porque eu sou a preferida dela e ela é a minha".

Deixar as pessoas animadas para o lançamento de seu álbum *Bangerz* era uma prioridade para Miley, mas quando leu uma carta pública que a cantora e compositora irlandesa Sinéad O'Connor escreveu para ela, sentiu que precisava responder. Miley havia dito a muitos entrevistadores que os *closes* no vídeo de "Wrecking Ball" tinham sido inspirados no lendário clipe "Nothing Compares 2 U", de Sinéad.

Em sua carta, Sinéad escreveu:

> Fico feliz por saber que sou um tipo de exemplo que você segue, e espero que por causa disso, você preste bastante atenção ao que vou lhe dizer.
>
> Estou extremamente preocupada com você por ver que as pessoas ao seu redor a fizeram acreditar, ou a incentivaram em sua crença, de que de alguma maneira, é "bacana" ficar nua lambendo marretas em seus vídeos.
>
> Na verdade, você vai acabar encobrindo seu talento permitindo a si mesma se vender, independentemente de ser a indústria da música ou você mesma que faça essa venda.
>
> NÃO é, de jeito nenhum, para você ou qualquer outra mulher, uma demonstração de força passar a mensagem de que você deve ser valorizada (até mesmo por você) mais por seu apelo sexual do que por seu óbvio talento.

Miley ficou muito irritada com os comentários de Sinéad e, em resposta, a comparou à atriz problemática Amanda Bynes. Sinéad sofre de uma doença mental e Miley decidiu compartilhar alguns tweets nos quais Sinéad pede ajuda. Ela postou: "Antes de Amanda Bynes... tivemos..." com um print screen de alguns dos tweets antigos de Sinéad nos quais ela pedia para ser atendida por um psiquiatra. Também postou uma foto de Sinéad rasgando uma foto do Papa no *Saturday Night Live* em protesto contra o abuso sexual na Igreja Católica.

Mas Sinéad não gostou da resposta de Miley ao que ela acreditava ter sido uma carta sincera, e decidiu escrever mais três cartas públicas a ela. As cartas foram postadas em sua página oficial no Facebook e foram bem mais agressivas do que a primeira.

Sinéad escreveu: "Miley... é sério? Quem são a po*** dos seus empresários? Porque me ofender é ainda mais idiota do que se comportar como uma prostituta e chamar a atitude de feminismo. Hoje, você postou tweets meus que são de dois anos atrás, que foram escritos por mim quando eu não estava bem e procurava ajuda, de modo a deixar com que parecessem ser recentes. Ao fazer isso, você está rindo de mim e de Amanda Bynes por termos sofrido de problemas de saúde mental e por termos procurado ajuda".

Ameaçando tomar medidas legais, ela escreveu:

> Retire seus tweets imediatamente ou receberá notícias de meus advogados. Tenho certeza de que você também receberá mensagens de grupos de apoio a doentes mentais. Não é aceitável ridicularizar pessoas que sofreram. Além disso, você postou uma foto minha rasgando a foto do papa... como se quisesse dizer que sou louca... ao fazer isso, você também conseguiu expor sua enorme ignorância. Sugiro que você leia The Philadelphia Report, The Boston Report, que farão você perceber por que minha atitude continua sendo lúcida e válida. Ao rir da foto, você ri de todas as crianças que sofreram abuso sexual nas mãos de padres encobertos pelo Vaticano. Você poderia aprender um pouco, isso se não estiver ocupada demais mostrando os seios.

Na última carta, ela escreveu:

> Miley, não tenho o menor interesse em encontrar você. Você pode reservar cinco minutos hoje entre uma troca de tanguinha e outra para se desculpar publicamente e retirar seus tweets agressivos. Se não fizer isso, significa que não está nem aí para as pessoas de quem tira sarro e o mal que causa sendo tão ignorante. Não tenho interesse nem vontade de causar transtornos, mas se você não se desculpar por ter tentado me magoar de propósito e por me causar problemas pessoais e profissionais, terei de pressioná-la. Quando você for parar numa clínica psiquiátrica ou na reabilitação, vou querer visitá-la... e não desceria ao seu nível rindo de você.

Bangerz foi lançado no dia 4 de outubro. Um dia antes, Miley revelou ao *Today Show* que elas tinham colocado um ponto-final na questão. Ela só disse:

> Se querem saber o que acho, acho que ela é uma artista incrível. Acho que ela é uma ótima compositora e eu me inspirei muito nela para o clipe de "Wrecking Ball", que foi o que deu início à história toda. Não sei como alguém pode começar uma briga com alguém que só estava dizendo: 'Ei, respeito muito você e adoro o que você fez'. 'Quer saber? Que saco!' E foi meio maluco... Mas como eu disse, eu sou muito fã dela, então não impor-

> ta... Tudo bem. Você pode escrever quantas cartas públicas quiser. É assim que funcionam os blogs. Recebo cartas públicas todos os dias; não tem nada muito novo para mim.

Durante a entrevista, perguntaram a Miley se ela tem um plano para os próximos cinco anos. Ela respondeu: "Na verdade, não. Só me concentro quando saio em turnê, o que vai acontecer ano que vem, e estou muito animada... Meu plano é me concentrar no agora e continuar o que estou fazendo porque me sinto feliz como nunca me senti na vida. Então, estou muito feliz por estar aqui".

Depois de ouvir a resposta de Miley, Billy Ray postou no Twitter: "Querem saber como me sinto como pai? Acabei de ouvir minha filha dizer @MileyCyrus: 'Sinto-me feliz como nunca me senti na vida'. Tudo o que sempre quis".

Bangerz estourou no topo das paradas de álbuns do mundo todo. Foi número 1 nos Estados Unidos, Reino Unido, Austrália, Brasil, Canadá, Irlanda e Noruega, número 2 na Nova Zelândia e na Espanha, número 3 na Dinamarca, Itália e México, e se saiu bem em muitos outros países também.

Heather Phares escreveu em sua crítica para a AllMusic: "Canções fortes como 'Maybe You're Right', 'Do My Thang' e 'FU' mostram Cyrus como uma mulher independente, e o álbum cumpre essa missão: *Bangerz* transforma Miley em uma estrela pop que não vai – e não pode – ser ignorada aos vinte anos".

O crítico da *Entertainment Weekly*, Nick Catucci, deu nota A ao álbum e escreveu:

> Sim, a Miley faz rap. E se você não suporta Ke$ha, provavelmente também não vai curtir a habilidade de Cyrus. A confidente dela, Britney Spears, também faz suas rimas na música 'SMS (Bangerz)': 'They ask me how I keep a man/I keep a battery pack!' [Eles me perguntam como eu mantenho um homem/Eu mantenho uma bateria]. Mas Cyrus tem de tudo, desde músicas meio *honky-tonk* (a produção amalucada de Pharrell, '4x4', com Nelly) à destemida música de início de festa de fraternidade ('Love Money Party', com Big Sean fazendo uma homenagem aos copos vermelhos Solo). Além

de encarar 'My Darlin', um dueto com o artista do Auto-Tune, Future, ela arrasa. E quando se vê diante de uma música eletrônica convencional, como 'Someone Else', ela segura as rédeas e arrebenta, exatamente como os DJs gostam que suas garotas façam.

Faixas:

1. Adore You
2. We Can't Stop
3. SMS (Bangerz) com Britney Spears
4. 4x4 com Nelly
5. My Darlin' com Future
6. Wrecking Ball
7. Love Money Party com Big Sean
8. #GETITRIGHT
9. Drive
10. FU com French Montana
11. Do My Thang
12. Maybe You're Right
13. Someone Else
14. Deluxe Version (faixas bônus)
15. Rooting for My Baby
16. On My Own
17. Hands in the Air com Ludacris

Durante a gravação da chamada do VMA para a MTV, Miley confidenciou: "Tenho muitas participações no meu disco. Big Sean e Ludacris e, claro, [Pharrell Williams] fizeram muitos discos, então estou muito animada com isso... Poderei trabalhar com Future, que é meu tipo de artista novo preferido no momento, apesar de ele não ser mais tão novo agora... [Ele] e eu escrevemos muitas canções nesse disco juntos e ele participou de uma delas".

Um dos artistas com quem Miley cantou no *Bangerz* foi Nelly. A faixa "4X4" foi produzida por Pharrell Williams. Antes de o álbum ser lançado, Nelly disse à MTV: "Tem uma pegada country, hip-hop, pop, acredite se quiser... tem a ver com se divertir, meio como uma caminhonete quatro por quatro simboliza a rebeldia. Sabe como é, arrebentar, querer andar com os *bad boys*... é uma faixa louca".

VOCÊ SABIA?

Como Miley ainda estava noiva de Liam quando a arte de capa do álbum foi para a gráfica, em seus agradecimentos, consta: "Eu não poderia ter feito esse álbum sem uma pessoa... FE. Obrigada por me inspirar (PS: Eu amo você)". FE era um dos apelidos que Miley usava para se referir a Liam.

Nelly é muito fã de Miley e adora o fato de ela querer se divertir. Ele acha que as pessoas que a criticam deveriam dar um tempo, porque ela só tem vinte e poucos anos; ela terá muito tempo para ser sensata quando ficar mais velha. Miley acredita que agora está na hora de ela agir como uma menina porque quando era menina, tinha de agir como adulta o tempo todo. Isso colocou muita pressão sobre ela.

Miley também cantou com ninguém menos do que Britney Spears. A faixa "SMS (Bangerz)" se tornou a preferida entre os fãs. Originalmente, a equipe havia sugerido Gwen Stefani ou Nicki Minaj para a faixa, mas Miley achou que Britney seria perfeita.

VOCÊ SABIA?

Quando Miley estava promovendo o *Bangerz*, ela levava consigo uma bolsa cheia de seus acessórios preferidos (coisas como correntes de ouro, stilettos e cintos modernos), para que pudesse usá-los em qualquer sessão de fotos se os acessórios oferecidos pelos figurinistas das gravações não fossem de seu agrado. Para Miley, a imagem é muito importante.

Pharrell Williams é o mentor de Miley, além de seu produtor. Quando eles se conheceram, ele ficou surpreso ao ver que ela era muito concentrada e determinada a fazer o tipo de música que queria fazer. Ela não queria sucessos para vender discos se não fossem a música certa; ela precisava conseguir expressar a si mesma por meio de sua música.

Miley queria que seus fãs escutassem o álbum diversas vezes para entender totalmente o que ela queria mostrar. A ordem das faixas é importante, pois mostra Miley mudando e crescendo. O álbum é sobre seu relacionamento com Liam, mas ela intencionalmente colocou "Someone Else" no fim porque representa sua situação quando o disco foi lançado; Miley havia se transformado em uma nova pessoa.

Quando Miley estava em estúdio gravando, com frequência via Britney Spears porque a cantora estava trabalhando em sua música nova no mesmo estúdio. Por dividirem o mesmo empresário, Larry Rudolph, as duas se viam bastante.

VOCÊ SABIA?

A mãe de Miley e a mãe de Britney são amigas.

Miley adorava escrever as próprias canções, mas também quis tentar escrever canções para outros artistas. Em outubro de 2013, ela enviou um tweet à cantora de *The Way*, Ariana Grande, dizendo que havia escrito uma canção especialmente para ela. Ela escreveu: "Puxa, acordei e imediatamente escrevi uma canção para @ArianaGrande... no chuveiro".

Ariana ficou animada e respondeu: "Ai, @MileyCyrus estou louca para ouvir... Vá me visitar quando eu voltar de Londres. Afinal, somos vizinhas... não tem opção".

E Miley agradeceu muito aos Smilers britânicos quando soube que "Wrecking Ball" estava no topo das paradas de singles do Reino Unido e *Bangerz* estava no topo das paradas de álbuns ao mesmo tempo. Foi uma conquista incrível porque havia ótimos singles e álbuns lançados na mesma época.

Quando lançou "Can't Be Tamed", em junho de 2010, o álbum havia chegado à posição de número 8 nas paradas, apesar de seus álbuns e singles de *Hannah Montana* nunca terem se saído muito bem no Reino Unido. Seu único single a alcançar o topo das paradas tinha sido "We Can't Stop".

VOCÊ SABIA?

Quando Miley apresentou o programa de comédia *Saturday Night Live*, no dia 5 de outubro, ela anunciou que não interpretaria Hannah Montana e disse, de modo brincalhão: "mas posso lhe contar o que aconteceu com ela... ela foi assassinada".

No Halloween, Miley decidiu se vestir como um de seus ídolos da música, Lil' Kim. Ela decidiu vestir o macacão roxo muito ousado que Lil' Kim usou no VMAs da MTV em 1999. Na fantasia, ela tinha de usar uma peruca roxa e mostrar o seio esquerdo, só deixando o mamilo coberto. Ela postou uma foto no Twitter para seus seguidores para que eles fossem os primeiros a saber.

Lil' Kim ficou feliz por Miley ter escolhido se vestir como ela e disse à MTV: "Ela me interpretou muito bem. Acho que ela estava linda. Eu a adoro; ela é uma de minhas melhores amigas... Ela é tipo minha melhor amiga/esposa. Sabe o que é mais engraçado? Assim que ela postou a foto, ela me mandou uma mensagem de texto meio assim: 'Feliz dia das Bruxas, linda!'... Ela me interpretou muito bem".

VOCÊ SABIA?

No Halloween de 2012, Miley tinha se vestido como Nicki Minaj, com um macacão como o da mulher-gato com estampa de leopardo e uma peruca amarela. Ela sempre capricha em suas fantasias de Halloween.

Miley havia participado da faixa de Future, "Real and True", juntamente com Mr Hudson, lançada no dia 5 de novembro. Future tinha gravado "My Darlin" para o álbum *Bangerz* e, quando Miley ouviu o gancho que Mr Hudson havia escrito para a nova faixa de Future, ela quis se envolver. Future explicou à *Rolling Stone*: "Ela fez os vocais e eles mandaram de volta para mim, e eu escrevi meus versos e tentei criar algo único. Os vocais dela são muito fortes e emocionais na canção. Ela traz essa emoção a esse disco. Miley é muito bacana e simples; é sempre divertido estar com ela e estou sempre rindo quando estamos juntos".

O vídeo de "Real and True" foi lançado no dia 10 de novembro e mostra Miley vestida como astronauta e usando muita tinta com glitter prateado no corpo. Numa parte do vídeo, ela canta nua (só com a pintura corporal) em uma sala de observação enquanto Future observa. Há um vidro separando os dois, mas ela faz uma serenata para ele enquanto canta.

VOCÊ SABIA?

"Real and True" conseguiu chegar apenas ao número 32 na parada US Hot R&B e ao número 92 no Reino Unido, o que foi decepcionante.

Miley voou para Amsterdã para o MTV Europe Music Awards no sábado, 10 de novembro (no mesmo dia em que o vídeo de "Real and True" foi lançado). Ela abriria o show com uma apresentação de "We Can't Stop" e estava concorrendo a quatro prêmios.

Miley chegou na manhã de terça-feira para poder aproveitar a cidade e foi vista no café The Pancake House and Greenhouse com amigos, incluindo Afrojack. Ela postou algumas fotos no Twitter – em uma delas, parecia que estava fumando maconha, em outra, ela estava promovendo sua apresentação.

Miley queria que sua apresentação no EMAs fosse tão memorável quanto a do VMAs. Dessa vez, ela decidiu incorporar alienígenas e também ursinhos de pelúcia e não usou dedos de espuma. Divertiu-se mostrando suas habilidades de *twerking* com suas dançarinas anãs.

VOCÊ SABIA?

Além de apresentar "We Can't Stop", Miley cantou "Wrecking Ball" mais tarde no show. Ela usou fones de ouvidos decorados com folhas de maconha.

No fim, não era sobre a performance de Miley que todos estavam falando no dia seguinte, mas o que ela fez quando recebeu o prêmio de Melhor Clipe. Miley não planejara fazer nada controverso, mas ao sair do camarim, veio à sua cabeça a ideia de fumar um cigarro de maconha ao receber seu prêmio. Pensou que seria muito engraçado, mas sabia que outras pessoas teriam problema com isso, por isso não comentou com ninguém.

A MTV decidiu censurar a cena quando foi ao ar mostrando a plateia em vez de mostrar Miley, porque eles sabiam que isso criaria problemas com a imprensa, apesar de na Holanda o uso de maconha ser permitido.

VOCÊ SABIA?

Miley também ganhou o prêmio de Melhor Clipe por "Wrecking Ball".

Ela se apresentou no Bambi Awards na quinta, 1º de novembro, em Berlim, e então foi para o Reino Unido para cantar "Wrecking Ball" no *The X Factor*. Mas sua apresentação no show de talentos britânico não fazia jus a seu padrão normalmente alto e, quando chegou em Los Angeles, recebeu a notícia de que tinha de descansar a voz. Miley vinha se apresentando tanto que precisava de um tempo, caso contrário causaria danos a sua garganta e à voz. Ela aceitou o que os médicos disseram e postou no Twitter, para seus fãs: "Estou feliz por descansar um pouco. Hora de me recolher".

Depois de descansar alguns dias, Miley se sentiu pronta para sua apresentação no American Music Awards no domingo, 24 de novembro. Ela havia completado vinte e um anos no dia anterior, mas só pôde comemorar depois da premiação.

Miley quis dividir o final de semana de seu aniversário com seus Smilers e, como presente especial, postou uma foto antiga de sua família. Na foto, ela está vestida de princesa e Braison está vestido de índio. Ela postou na sexta: "Quero todo mundo festejando como se fosse seu próprio niverrrr amanhã". E no dia seguinte, ela compartilhou uma foto de seus cães dormindo em sua cama, com a mensagem: "Tudo o que eu poderia querer no meu aniversário". Três dias depois do aniversário de Miley, uma nova faixa que teve sua participação foi lançada. "Feelin' Myself", de Will.i.am, mostrava Miley e os rappers Wiz Khalifa e French Montana. Seria o single principal do álbum relançado de Will.i.am, #willpower. "Feelin' Myself" chegou à segunda posição nas paradas do Reino Unido e teve sucesso moderado em outros países. Foi a terceira canção de Miley com Will.i.am: eles tinham cantado juntos "Fall Down", uma canção dele, lançada no dia 16 de abril de 2013, e a música de Miley, "Do Ma Thang" para o álbum *Bangerz*.

Dezembro foi um mês ótimo para Miley. A *Rolling Stone* escolheu seu álbum como um dos melhores de 2013 e a *Entertainment Weekly* a escolheu como um de seus "Entertainers of the Year", o que foi uma grande honra. Eles também escolheram seu mentor e produtor Pharrell Williams, algo que deixou Miley muito feliz: ela acha que o que ele fez por ela, pelo Daft Punk e por Robin Thicke em 2013 foi incrível. Ela admitiu à *Entertainment Weekly*:

> Eu o considero como um irmão, é mais do que só trabalharmos juntos. Em um momento, ninguém havia ouvido falar de mim e dele, e estávamos cozinhando o que queríamos fazer em seguida e o que queríamos dar às pessoas. Ele e eu entramos num tipo de viagem juntos, e eu estou muito feliz por ele e pelo que alcançou este ano em tudo; na moda, na arte, em tudo o que faz. Não existe uma pessoa melhor a quem eu desejaria isso. Ele é a melhor pessoa que pude observar e com quem pude aprender. Eu cresci nessa indústria, e observei muitas pessoas, e acho que foi como aprendi a

maior parte do que sei. Ele é um dos maiores mentores que já tive, e quem ele é como pessoa é igualmente incrível ao artista que é.

Miley lançou seu terceiro single do álbum *Bangerz*. "Adore You", no dia 17 de dezembro. O vídeo vazou no dia de Natal e mostrava Miley remexendo-se sob um lençol com uma câmera de vídeo, tocando-se intimamente e fazendo a mesma coisa numa banheira.

Robert Copsey, da Digital Spy, escreveu em sua crítica: "A produção crua da canção – quase como um demo – é uma mudança bem-vinda no ritmo de uma cantora cuja tática de dominar o mundo antes parecia depender apenas do choque e da surpresa. 'Quando você diz que me ama, saiba que amo mais você', ela confessa com um tom grave que mostra um lado vulnerável da estrela, raramente visto. Provavelmente não vai convencer as massas, mas é consolador saber que até mesmo a Miley Cyrus tem seus momentos sérios".

VOCÊ SABIA?

A canção só alcançou a 21ª posição nas paradas dos Estados Unidos e do Reino Unido, mas uma versão mixada de Cedric Gervais foi lançada posteriormente.

Miley divertiu-se muito se apresentando nos shows Jingle Bell Balls, com as dançarinas vestidas de renas. Amazon Ashley apareceu como árvore de Natal gigante e Cheyne como um Papai Noel mau. Ela pôde ser vista fazendo o *twerking* no colo de Cheyne enquanto usava um maiô com punhos peludos e brincos como bolas de neve peludas.

Cheyne ficou muito branco quando pensou que Demi Lovato estava criticando Miley em um tweet depois de encontrá-los nos bastidores no show de Miami. Demi tinha postado apenas: "Você sabe quem são seus amigos".

Cheyne respondeu: "Foi ótimo encontrar você!", e Demi respondeu: "Vocês deveriam ir ao meu camarim. Parece bem divertido, hein?".

Cheyne continuou: "Pare de tentar ficar famosa à minha custa".

VOCÊ SABIA?

Cheyne já teve uma história com Demi, pois ele supostamente riu dela em um vídeo no YouTube. No vídeo, ele parece estar tirando sarro de Demi por seus problemas com cocaína, dizendo à câmera: "Só consigo ficar de trinta a sessenta minutos sem coca", e então, toma um gole de uma garrafa de Coca-Cola.

É uma pena que Miley e Demi não sejam mais boas amigas, pois elas costumavam conversar ou trocar mensagens de texto todos os dias depois de Demi ter participado do filme da Disney, *Camp Rock*. Elas fazem aniversário com apenas três meses de diferença uma da outra, e Demi namorou Trace Cyrus por um tempo. Demi até deu a Miley o apelido de "Dragão" porque as duas adoravam assistir ao filme *Quase Irmãos* e gostavam da parte em que o personagem de John C. Reilly diz: "Meu nome é Dale, mas pode me chamar de Dragão".

No dia 27 de dezembro, Miley e Cheyne foram fotografados dançando muito próximos um do outro no Beacher's Madhouse em Las Vegas depois de assistirem ao show de Britney Spears no hotel Planet Hollywood. Ele foi fotografado tocando os seios e as pernas de Miley. Os fãs concordaram que as fotos faziam parecer que eles eram mais do que amigos, mas não sabiam com certeza, porque Miley e Cheyne tinham bebido e era de madrugada.

Miley e Cheyne não comentaram a respeito dos momentos na boate mais maluca de Las Vegas, mas revelaram ter adorado cada segundo do show de abertura de Britney Spears daquela noite. Miley postou: "Se alguém tivesse me dito dez anos atrás que eu ficaria na primeira fileira e no centro da noite de estreia de @britneyspears, eu não teria acreditado". Ela postou uma foto de si mesma de pé durante o show e fazendo sinais de positivo com as duas mãos para Britney.

VOCÊ SABIA?

Miley adora provocar seus fãs e postou uma foto no Twitter de si mesma conversando com Cheyne, usando um sutiã vermelho muito sensual e mostrando a língua.

Em noites comuns, Miley sai com seus amigos que não são famosos. Ela explicou à revista *We Love Popular*: "Eu tenho um grupo bem esquisito de amigos, ninguém que vocês conhecem. Não saio com pessoas superfamosas; não é meu esquema.

Eu saio com pessoas comuns. Todas as pessoas comuns de Los Angeles participaram do vídeo ["We Can't Stop"]".

CAPÍTULO VINTE

SENTINDO A PRESSÃO

Os paparazzi estavam com força total em janeiro de 2014, perseguindo Miley de tal modo que ela não conseguia sair de casa sem ser importunada. Ela postou no Twitter: "Não posso nem levar meu cachorro para passear num domingo".

Mais tarde, ela postou: "Os paparazzi vão se ferrar..." e postou uma foto de uma berinjela. E então completou: "Isso, se ferrem com uma berinjela bem grande".

Miley gosta de fotos, mas quando não está trabalhando, quer ficar em paz. Ela convidou o jornalista Ronan Farrow para ir a sua casa entrevistá-la e posou nua em uma cama para as fotos de capa e para as fotos da matéria que ele faria. As imagens que os fotógrafos Mert Alas e Marcus Piggott fizeram eram muito *risqué* e várias eram de Miley deitada na cama com dois modelos, expondo um de seus seios. Antes de a matéria ser publicada, ela compartilhou uma das fotos com os fãs, e postou no Twitter: "Em breve na @wmag, 'fotos na cama feitas por @mertalass e @macpiggott' muito empolgaaaada para ver o resultado final".

Durante a entrevista, Miley disse a Ronan que não gosta muito de crianças, principalmente crianças que desobedecem aos pais, e que não vai dar atenção às críticas. Ela conversou com ele sobre as críticas que recebeu por ter dançarinas negras de apoio na apresentação do VMA e confessou: "Não estou nem aí. Não sou a Disney, onde eles têm, tipo, uma asiática, uma negra e uma branca para serem politicamente corretos, e, tipo, todo mundo tem camisetas coloridas. Sabe, não estou defendendo nada. Quem odeia você está sempre abaixo de você, porque tem inveja do que você tem".

Mas Miley tinha o hábito ruim de fumar e pretendia parar em 2014. Ela postou no Twitter, em fevereiro: "2 meses sem cigarros #orgulhode-mimmesma".

Em uma entrevista para a *Rolling Stone*, feita antes dessa época, ela disse que, em sua opinião, o álcool é mais perigoso do que a maconha. Ela confessou: "Hollywood é uma cidade da cocaína, mas a maconha não fica muito atrás. Nem o êxtase. São drogas da alegria – drogas sociais. Elas fazem você querer estar com amigos. Você fica ao ar livre. Não está num banheiro. Não gosto de cocaína. É nojenta e pesada. É como se você fosse o quê? Dos anos 1990? Credo". Miley achava que fumar maconha não deveria ser um problema porque a *cannabis* não é ilegal no Estado da Califórnia.

As pessoas costumam julgar Miley com rapidez, mas quando ela participou do *The Tonight Show* com Jay Leno, da NBC, ela disse que não tem usado nada ilegal, por isso não existem fotos de Miley Cyrus com drogas por aí. Ela não critica outros artistas que tiveram problemas com a lei e deu conselhos a Justin Bieber enquanto estava no programa: ela o aconselhou a comprar uma casa nova e fazer sua própria boate para poder curtir as festas com privacidade.

Quando a convidaram para fazer o especial *Acústico* da MTV, Miley agarrou a oportunidade. Precisava escolher um convidado especial para cantar com ela e queria alguém que seus fãs não esperariam. Inicialmente, escolheu sua madrinha Dolly Parton para ser a convidada especial, mas a cantora não estava disponível no dia da gravação, então, Miley decidiu cantar o sucesso de Dolly, "Jolene", como homenagem a ela.

Sua segunda opção era Madonna e, felizmente, a estrela estava disponível, mas Miley só recebeu a confirmação no último minuto. Juntas, elas cantaram uma mistura de "We Can't Stop", de Miley, e "Don't Tell Me", de Madonna. As duas se deram muito bem durante a apresentação, o que Miley achou o máximo. Ela disse ao *E! News*: "Ela é o tipo de pessoa com quem você pode fazer o que quiser em cima do palco... É divertido dividir o palco com alguém que não tem medo. Você não precisa ficar pensando: "Ai, devo fazer isso?" ou "Será que a pessoa não vai gostar disso?" ou "Os amigos dela ficarão bravos se eu fizer isso?".

Set list do *Acústico* de Miley:

1. 4X4
2. Do My Thang
3. #GETITRIGHT
4. SMS (Bangerz)
5. Adore You
6. Rooting For My Baby
7. Drive
8. Jolene (cover de Dolly Parton)
9. Wrecking Ball
10. Don't Tell Me / We Can't Stop
11. Why'd You Only Call Me When You're High (cover do Arctic Monkeys)

VOCÊ SABIA?

A apresentação de Miley no *Acústico MTV* teve a melhor resposta de público dos acústicos (*Unplugged*) dos últimos dez anos. Foi visto on-line 1,7 milhões de vezes só no primeiro dia!

Miley estava feliz solteira, mas seu superfã Matt Peterson, do Arizona, queria mudar isso. Ele gravou um vídeo pedindo para Miley dançar com ele em sua formatura. Não era a primeira vez que ela havia sido convidada para ir a um baile com alguém, mas foi a primeira vez em que foi convidada por alguém nu, vestindo apenas um dedo de espuma para cobrir sua genitália. Matt já tinha encontrado Miley pessoalmente algumas vezes e explicava isso na montagem que fez. Para ver o vídeo, acesse o YouTube e procure "Matt Peterson Prom". É um vídeo bem bonitinho e mostra Matt chorando quando encontrou Miley pela primeira vez em 2009.

VOCÊ SABIA?

Apesar de Miley ter estudado com um tutor em vez de frequentar a escola, ela ainda assim participou do baile de formatura. Ela disse à revista *OK!*: "Eu gostaria muito de ter feito o ensino médio normal... eu consegui ir ao baile, mas não foi a mesma coisa. Tipo, as pessoas me pediram para tirar foto enquanto eu estava no baile. Fui com um cara gay e foi a melhor e mais fabulosa noite da minha vida toda. Então, eu me diverti quando fui, mas foi diferente, porque não fui convidada pelo meu namorado da escola nem nada assim".

Miley não pôde ir ao baile com Matt porque estaria em turnê na Europa, mas ela quis encontrá-lo e postou: "Querido Matt Peterson, acho que não conseguirei ir ao baile, MAS por que você não vai ao show no Arizona para passar um tempo comigo? Não se esqueça de trazer um *corsage* [arranjo de flores usados pelas mulheres em ocasiões formais, como bailes de formatura]".

Durante o show, Miley chamou Matt no palco e, depois de fazê-lo tirar seu terno customizado, ela vestiu a peça, deixando-o apenas de calção e gravata. Ele deu a ela um belo *corsage* antes de eles dançarem juntinhos enquanto Miley cantava "Adore You". Certamente, foi a melhor noite da vida de Matt!

Miley costuma ouvir os conselhos de seu pai, mas ela teve de dizer a Billy Ray em 2014 para fazer como ela e se reinventar. Ela queria que ele experimentasse fazer algo que ninguém esperaria que ele fizesse, e para Billy Ray, isso significou gravar uma nova versão *hip-hop* de "Achy Breaky Heart" com Buck 22 (cujo nome verdadeiro é Damon Elliott). Se as pessoas ficaram chocadas com "Wrecking Ball" de Miley, elas ficariam horrorizadas pela nova versão de Buck 22 e Billy Ray de "Achy Breaky Heart". O clipe foi feito em uma nave espacial comandada por alienígenas (*glamourmodels* nuas com rostos pintados e só uma fita cobrindo seus seios e partes íntimas). As alienígenas/modelos fizeram o *twerking* sem parar, mostrando as nádegas quase totalmente nuas. Miley e sua faixa "Wrecking Ball" tiveram espaço no vídeo "Achy Breaky 2" e uma das alienígenas até se parecia com ela.

VOCÊ SABIA?

Independentemente do que seus críticos digam, Miley é um ícone da moda e Marc Jacobs ficou feliz em dizer que ela seria o rosto de sua coleção primavera/verão de 2014. Ele a elegeu devido a sua grande energia e beleza natural. O fotógrafo que ele sugeriu, Juergen Teller, não queria fotografá-la, por isso ele escolheu o fotógrafo David Sims, que ficou muito feliz por fazer as fotos da campanha. A sessão de fotos na praia foi incrivelmente boa, e Miley incorporou uma modelo com facilidade. As roupas ficaram lindas nela e mesmo as pessoas que consideraram Marc Jacobs maluco por contratá-la, não puderam negar que ela fez um ótimo trabalho.

Enquanto isso, a imprensa continuava a relacionar Miley com vários homens, mas ela ainda estava solteira. Uma das histórias mais dolorosas foi publicada pela revista *Life & Styke*. A matéria de capa sugeria que Miley havia tentado seduzir um namorado de Brandi quando ela tinha quinze anos. A história não era verdadeira e o homem em questão, Sam Hancock, apareceu para esclarecer a história. Ele disse ao *Celebuzz*: "Isso não é verdade! Que ridículo!"

"Não quero invadir a vida de Brandi, porque ela está fazendo coisas ótimas. Mas isso nunca aconteceu!".

Sam era cinco anos mais velho do que Miley e ela nunca gostou dele durante o tempo em que ele namorou sua irmã. A fonte da revista obviamente inventou a história.

VOCÊ SABIA?

Quando o apresentador Mario Lopez perguntou a Miley quem era seu homem ideal, ela provocou, dizendo: "Alguém que não quer me ver pessoalmente e que goste de ficar no FaceTime... Relacionamentos por mensagem de texto são os melhores; adoro essa coisa à distância".

O que Miley pensa sobre os homens foi assunto de uma entrevista que ela deu à revista *W*. Ela falou abertamente que os dois sexos procuram o impossível, e disse: "Os caras assistem a muita pornografia. Aquelas mulheres não existem, não são mulheres de verdade. E é a mesma coisa com as mulheres que assistem a filmes românticos. É como se fosse a pornografia para as mulheres, porque, tipo, aqueles caras não existem".

Miley só quer um cara que a ame por quem ela é e goste de ficar em casa. Ela não precisa de grandes gestos nem de coisas caras, só quer encontrar sua alma gêmea. E está cansada de responder a perguntas sobre sua vida amorosa, porque quer se concentrar na música. Às vezes, quando fazem perguntas insensíveis, ela responde de modo direto. Por exemplo, quando a revista *Love* perguntou onde estava sua aliança de noivado, ela respondeu simplesmente: "Não sei. Acho que está no banheiro".

Ela admitiu ainda ter contato com Liam Hemsworth e não tê-lo cortado totalmente de sua vida, e explicou: "Nós ainda conversamos e nos comunicamos. Eu fiquei com ele desde os dezesseis anos e nada vai acabar com isso. Conheço o cara há muito tempo e se não deu certo, posso sorrir e amá-lo e ele pode me amar e isso é ótimo, é assim que as coisas são. A vida é curta demais. Se um dia você for chamado e, Deus o livre, essa pessoa não estiver mais aqui, a pior coisa seria ter sido orgulhoso demais. Se você ama alguém, diga que ama, se quer ser amigo dessa pessoa, seja".

Miley gosta de escolher os eventos do showbiz aos quais tenha vontade de ir e seu selo não tenta fazer com que ela vá a eventos aos quais ela não quer ir. Quando o Grammy aconteceu no dia 26 de janeiro, ela decidiu não ir; estava num merecido descanso. Pela manhã, ela postou: "Vou fazer uma bela limpeza/organização hoje. Minha maneira preferida de passar um dia de folga! #transtornoobsessivocompulsivo. Provavelmente vou ouvir @skyferreira o dia todo enquanto estiver limpando #emo".

Miley estivera ocupada apresentando "#GETITRIGHT" e "Jolene", de Dolly Parton na festa pré-Grammy anual no Clive Davis na noite anterior, por isso não precisava passar duas noites seguidas acordada até tarde. Ela postou fotos durante o Grammy, mostrando aos Smilers que ela estava em casa jogando Guitar Hero.

CAPÍTULO VINTE E UM

SHOWTIME!

Miley estava tão animada com a turnê *Bangerz* que estava contando os dias até o Dia de São Valentim (data em que é comemorado o dia dos namorados, nos Estados Unidos), quando apresentaria o primeiro show. Ela nunca gostou muito de ensaios, pois eles só a deixam mais nervosa; ela gosta de ir direto para o palco e se apresentar a seus fãs.

Miley escolheu de propósito que sua turnê começasse no dia de São Valentim, afinal, este é um dia triste para muitas pessoas, mas ela desejava que elas tivessem um dia de São Valentim incrível. Ela queria que os fãs aproveitassem o show tanto quanto ela – planejou tudo para criar a melhor experiência que pudesse para os Smilers.

Contratou o homem responsável pelo desenho "Ren & Stimpy", John Kricfalusi, e o artista Ben Jones para criarem vídeos incríveis que seriam mostrados nas telas gigantes enquanto ela se apresentasse. Ela queria surpreender as pessoas com os vocais fortes e não queria estragar isso dançando muito.

Suas roupas foram criadas por Roberto Cavalli, Jeremy Scott, os Blonds (Phillipe Blonde e seu parceiro David Blond) e Marc Jacobs. Ela também usou roupas antigas do lendário designer Bob Mackie, que fez roupas para a falecida Judy Garland, além de Diana Ross e Tina Turner.

Seu maiô de maconha foi feito pelos Blonds, que fizeram várias reuniões com Miley para descobrir exatamente o que ela queria (ela adora maiôs bem cavados porque eles deixam à mostra suas pernas compridas). Ela achou que o desenho da folha seria perfeito para quando cantasse a faixa "Love Money Party". Eles também fizeram seu vestido à la Jessica Rabbit e a camiseta comprida que ela usa para as músicas acústicas.

Set list da turnê *Bangerz*:

1. SMS (Bangerz)
2. 4x4
3. Love Money Party
4. My Darlin'
5. Maybe You're Right
6. FU
7. Do My Thang
8. #GETITRIGHT
9. Can't Be Tamed
10. Adore You
11. Drive
12. Rooting for My Baby
13. Jolene
14. Hey Ya!
15. 23
16. On My Own
17. Someone Else
18. We Can't Stop
19. Wrecking Ball
20. Party in the USA

Dias antes de a turnê começar em Vancouver, Miley admitiu a sua irmã Brandi (na *Fuse News*): "Acho que meu show é educativo para crianças... Elas verão arte sobre a qual a maioria das pessoas não conhece. As pessoas aprendem a ver as coisas de um modo muito simples, principalmente nas cidades pequenas. Estou animada para levar essa turnê a lugares onde ela [a arte] não seria aceita, onde as crianças não aprenderiam sobre esse tipo diferente de arte".

VOCÊ SABIA?

Havia muitos produtos à venda nos show, incluindo papel de seda do *Bangerz* por 40 dólares.

Os Smilers e os críticos ficaram maravilhados com Miley depois de assistirem a seu primeiro show. A *Rolling Stone* escreveu em sua crítica: "Miley Cyrus deu o pontapé inicial em sua turnê mundial *Bangerz* com seu enorme talento e autoestima intactos. Na verdade, se você encarou a noite como uma brincadeira de bebedeira focada nos 'Miley-ismos' – mostrar a língua, animações de gatos cantando, danças com conotação sexual e coisas assim –, bem, você provavelmente desmaiou há muito tempo, para nunca mais lembrar do show. Cyrus se dedicou a brincadeiras e ousadias com o objetivo claro de se distanciar ainda mais de Hannah Montana. Assim, deixando de lado o 'choque e a surpresa', Cyrus cantou muito bem a noite toda".

Muitas coisas bizarras e maravilhosas aconteceram durante o show. Houve muito *twerking* e rebolado, Miley subiu em um cachorro-quente de seis metros durante sua apresentação de "Someone Else", que sobrevoou a plateia antes de voltar ao palco. Uma de suas dançarinas estava vestida como um baseado na música "We Can't Stop" e as outras eram isqueiros.

Em um dos vídeos nos telões, foram mostradas imagens de Miley se despindo enquanto a faixa de Alt-J, "Fitzpleasure" tocava. Alguns pais na plateia podem não ter gostado das fotos de Miley em trajes menores, mas o que eles esperavam? Ela também fez uma parte acústica para mostrar sua variação musical, cantando "Jolene" e "Hey Ya!", do Outkast.

Robin Syrenne, do *Liberty Voice*, escreveu em sua crítica: "Miley Cyrus e sua equipe criaram esse show para refletir exatamente o que eles viram que faz as pessoas comentarem sem sacrificar a integridade dela como vocalista, provando com a turnê *BANGERZ* que ela sabe mesmo o que está fazendo".

> VOCÊ SABIA?
> Quando Miley cantou "Adore You", ela pediu à plateia que todos se beijassem, e então uma câmera sobrevoou e filmou alguns casais para que seus beijos aparecessem nos telões.

Dias depois do início da turnê, a empresa que realizou seus shows, Live Nation, foi forçada a divulgar um comunicado depois que um site de notícias australiano sugeriu que algumas datas poderiam ser canceladas porque o show de Miley era muito chocante. Eles disseram à *E! News* em um comunicado: "Não é verdadeiro nenhum boato de que as datas da turnê *Bangerz* podem ser canceladas. Miley criou uma turnê grande, espetacular e divertida, tudo o que seria de se esperar de Miley Cyrus. As críticas têm sido incríveis e mais importante do que elas, os fãs estão adorando o show e se divertindo muito".

Miley achou graça das pessoas que reclamaram de seus gestos ousados e compartilhou uma foto de si mesma com o maiô de maconha em cima do palco com um logo de "Censurado para Menores" claramente à mostra atrás dela no telão. Ela postou: "Vocês não podem dizer que não avisei. Agora relaxem e aproveitem o show. #bangerztour. Guardem suas reclamações para o drive-thru do McDonalds quando eles se esquecerem de incluir a batata".

Miley queria uma lembrança permanente da turnê e decidiu que estava na hora de ir a um estúdio de tatuagem de novo. Ela mostrou um gato amarelo chorando na parte interna do lábio para seus fãs via Instagram, com a mensagem:

"#sadkitty #f***yeahtulsa #lovemoneyparty #freakz".

Ela nunca se esquecerá dos momentos malucos da turnê. Miley adorou divertir seus Smilers todas as noites, mas sempre se arrependerá de não ter estado ao lado de seu cachorro Floyd quando ele morreu. A dor que ela sentiu ao saber da notícia foi muito grande. Ela conseguiu se apresentar, mas chorou várias vezes. Para Miley, a família e os cães são tudo no mundo – ela não seria quem é hoje se não fosse por eles.

Miley está muito animada para ver o que o futuro reserva para ela. A artista sabe que haverá muitos outros altos e baixos, mas está determinada a continuar sorrindo, não importa o que aconteça!

Miley levemente nervosa promovendo *Hannah Montana*.

Miley não consegue parar de sorrir depois de conseguir o emprego dos seus sonhos, em 2006.

Na estreia de um filme com o pai Billy Ray.

Acima, à esquerda: Quando vai a grandes eventos, Miley adora ter a companhia dos pais.

Acima, à direita: Miley terá sempre um elo inquebrável com a mãe, Tish,
e a irmã caçula, Noah.

Abaixo: A família de Miley é muito importante para ela; eles sempre a incentivaram a sonhar grande.

Acima, à esquerda: Miley, vestida de Hannah Montana, acena para a multidão.

Acima, à direita: Miley celebra seus dezesseis anos com estilo na Disney World.

Abaixo, à esquerda: Apresentar-se para a Rainha da Inglaterra é algo que Miley nunca esquecerá.

Abaixo, à direita: Miley se sente cheia de vida quando está cantando para seus Smilers.

Promover *A Última Música* pelo mundo com Liam foi um momento muito especial para Miley.

Miley e Liam eram um casal feliz e sorriam para as câmeras na festa do Oscar da Vanity Fair.

Acima, à esquerda: O mundo ficou chocado quando Miley chegou quase nua em um figurino punk no Met Gala em 2013.

Acima, à direita: A língua, sua marca registrada, é quase tão famosa quanto Miley agora, e aqui aparece no tapete vermelho.

Abaixo, à esquerda: Agora ela é adulta e independente e, quando sobe ao palco, Miley parece diferente dos tempos de *Hannah Montana*.

Abaixo, à direita: Dançar com Robin Thicke de maneira provocante e sugestiva no VMA da MTV causou grande controvérsia, mas com isso Miley se tornou instantaneamente a maior estrela do planeta.

Bem-vindo ao mundo de Miley! No estilo *Bangerz*!

QUER SABER MAIS SOBRE A LEYA?

Fique por dentro de nossos títulos, autores e lançamentos.

Curta a página da LeYa no Facebook, faça seu cadastro na aba *mailing* e tenha acesso a conteúdo exclusivo de nossos livros, capítulos antecipados, promoções e sorteios.

A LeYa está presente também no Twitter e Google +

www.leya.com.br

facebook.com/leyabrasil

@leyabrasil

google.com/+LeYaBrasilSãoPaulo

Este livro foi composto em
Dante MT Std para LeYa
em agosto de 2014.